爱的五种能力 II

5
MAGICS
YOU MUST LEARN
TO LOVE

爱情与婚姻中的情感经营课

赵永久◎著

作家出版社

图书在版编目（CIP）数据

爱的五种能力 . II，爱情与婚姻中的情感经营课 /
赵永久著 . -- 北京：作家出版社，2022.1
ISBN 978-7-5212-1642-4

Ⅰ.①爱… Ⅱ.①赵… Ⅲ.①爱情—通俗读物②婚姻
—通俗读物 Ⅳ.① C913.1-49

中国版本图书馆 CIP 数据核字（2021）第 250043 号

爱的五种能力 Ⅱ：爱情与婚姻中的情感经营课

作　　者：	赵永久
责任编辑：	丁文梅
特约策划：	高　路　华　婧　曹福双
装帧设计：	赵　云
出版发行：	作家出版社有限公司
社　　址：	北京农展馆南里 10 号　　邮　　编：100125
电话传真：	86-10-65067186（发行中心及邮购部）
	86-10-65004079（总编室）
E-mail:zuojia@zuojia.net.cn	
http://www.zuojiachubanshe.com	
印　　刷：	中煤（北京）印务有限公司
成品尺寸：	142×210
字　　数：	219 千
印　　张：	11
版　　次：	2022 年 1 月第 1 版
印　　次：	2022 年 1 月第 1 次印刷
ISBN 978-7-5212-1642-4	
定　　价：	48.00 元

自 序

　　当今，离婚率高发和结婚年龄的推迟，都预示着拥有一份幸福的亲密关系并非易事。在追求长久幸福的亲密关系的过程中，有的人在进入亲密关系这件事情上努力多年，却依然不能如愿，有的人虽已进入亲密关系，却痛苦不断。

　　特别是在物质财富已经极大丰富的前提下，不幸福的亲密关系所带来的痛苦，已经成为影响幸福的最主要因素了。

　　住着大房子，楼下停着豪华汽车，账户里有足够花的钱，想吃什么、想要什么都可以随时下单，但就是感觉不到幸福，家里缺少应有的温暖和爱意，这样的情况并非个例。

　　在亲密关系中，吵架、隐忍、冷战等痛苦的情景消耗着人们的精力，伤害着彼此的身心，并且在此之后，通常还不能真正地解决问题。

　　那么，身处亲密关系中的人们到底要如何避免这些问题而真正拥有长久的幸福呢？

　　换句话说，我们都知道亲密关系需要经营，但到底要如何经营呢？

从大约十年前，当我完成上一本书①的理论建构以后，我就开始思考这个问题，想探索清楚这个问题的答案到底是什么。

这些年，我一边从事婚恋心理的培训和咨询工作，一边学习、研究和思考，并在自己的生活中观察和实践。

三年前，这个问题的答案开始在我的脑海中逐渐成形，之后我把我对这个问题的思考和回答总结归纳成了课程，通过讲授和体验的形式分享给前来参加课程的学员们，大家反馈运用之后，关系有一些明显的变化。

我想这与课程本身回答了之前那个问题是有关的。

现在，我很肯定地与大家分享我找到的这个答案：亲密关系经营的核心是滋养，更准确地说是彼此滋养。

想要经营好亲密关系，我们只要去探索如何在生活中去滋养彼此就完全可以了。

一对爱人之所以会相爱，也正是因为当初彼此都觉得对方是可以滋养到自己的那个人。换句话说，相识后曾经体验到过被对方滋养并渴望被对方更多地滋养，正是我们很多人跟爱人陷入爱河的深层原因。

只不过，在实际的婚姻生活中，并非人人都可以持续地滋养到对

---

① 指《爱的五种能力——婚姻与爱情中的情商课》一书，本书中后面提到"上一本书"时，指的都是这本书。

方，也当然并非人人都可以在亲密关系中一直得到滋养，也有很多人在真正进入亲密关系后不但没有得到滋养，还会被伤害。

在我们的成长过程中，关于如何在亲密关系中滋养对方，也并非人人都有机会学习和体验到的。在很多人成长的原生家庭中，父母并不是以相互滋养的方式在相处，很多父母对孩子的滋养也远远不够。

在本书中，我会详细地介绍在亲密关系中人们需要的滋养有哪些，以及如何滋养对方和如何邀请对方来滋养自己的具体方法。

同做任何事都需要能力基础一样，滋养也需要具备能力基础，在上一本书中，我介绍了爱的五种能力：情绪管理、述情、共情、运行、影响。这些正是我们想要在亲密关系中滋养彼此需要具备的能力基础。

比如，情绪管理的能力不够，在对方有需要时我们就可能只会发脾气、使性子，根本没有心情去考虑对方内心深处的需要是什么以及如何去滋养了；

再比如，述情的能力差，也就没有办法让对方知道自己有些什么深层的需要，渴望什么样的滋养了；

还比如，共情的能力差，就没有办法在对方需要情绪支持时及时给到，也没办法让对方感到被深深懂得；

等等。

没有爱的能力的人，往往在亲密关系中只会渴望被滋养，较难滋养到对方，所建立的关系也就比较脆弱，当然也难以拥有长久幸福的关系。

在亲密关系中，每个人渴望的不一样，需要的滋养也不同，比如有的人更渴望被认可和欣赏，有的人更渴望在对方心里重要，有的人更渴望能被对方懂得，等等。

每个人渴望的滋养，都与自己内心的缺失和创伤有一定的关系。

每个人的内心都有缺失和创伤，每个人也都渴望着能在爱情中被深深地滋养，来弥补儿时内心的缺失，甚至疗愈过往的创伤。

我们都知道，对于内心缺失和创伤严重的人，或者说有心理疾病和人格缺陷的人而言，他们需要的是专业的心理咨询。

但并非只有心理咨询才能为人们内心的发展提供新的机会，亲密关系一样可以提供帮助我们每个人获得新的体验、弥补内心缺失的机会。

所以，我们才能看到有些人在进入亲密关系之后，状态越来越好，甚至变得更加成熟，他们被自己的爱人滋养而发生了变化与成长，这也是爱情的珍贵和美好之处。

生活中人们所说的"旺夫"，似乎指的也是这个意思。说明人们已经从生活经验中意识到，有一些人在亲密关系里是可以帮助自己的爱人变得更好的。只是，在男尊女卑的封建社会时期，人们只关注了女人对男人的影响，而忽略了男人对女人也同样是有很大影响的。

实际上，爱人之间的影响是相互的，既然女人可以影响到男人，男人当然也可以影响到女人，"旺妻"也一样是存在的。

那么，这些可以让自己的爱人发生变化和成长的人，他们是什么样的人？他们对自己的爱人做了什么？他们拥有哪些别人没有的品质和能力？怎样才能做到他们所做的？

这也正是本书要讲述的主要内容。

滋养是通过成长自己，慢慢地影响对方发生变化，这也是我把这个过程称之为滋养的原因。有不用力和不刻意，润物细无声之意。

这些年，随着我对亲密关系的研究越深，我也越来越觉得，爱一个人，我们可以给予这个人最深刻和最高质量的爱，也正是滋养这个人。

所以，如果说我想通过这本书告诉大家一句话的话，这句话是：爱即滋养。

没有爱的亲密关系难以维持，但没有滋养的亲密关系中爱本身就难以源源不断。

不过，当你接触到滋养这个概念时，最好还是多用来要求自己并实践，而不是只用来要求对方。不然，不去滋养对方而只要求对方来滋养你，这本身就可能会导致你们之间出现更多的问题和冲突。

这也不是说，在亲密关系中滋养对方，就要永远压抑自己的需要和情绪一味地只对对方好，这样的话谁也做不到，也千万不能那么做，因为那样对彼此都是有伤害的。可能会既丧失了自己，又纵容了对方。

为了滋养，有时候反而是需要坚持自己的，只有你在一些事情上坚持自己，对方才能越来越尊重你的边界，拥有更清晰的边界感。不过这牵扯到什么时候要坚持，又在什么时候应该妥协，以及用什么样的态度来坚持，书中我会展开详细阐述。

同时，虽然本书是写亲密关系的，但因为亲密关系在心理层面上是亲子关系的一定程度上的再现，所以，书中写的很多方法和原则也是我们在养育孩子的过程中可以借鉴的。

探索真理的道路是永无止境的，尽管我用了近十年的时间来思考和实践这本书的理论体系和方法，但我相信，也还有不少没有在我的视野和经验中的内容，这本书也一定会存在着可以完善的地方，这一点还请大家谅解！

为了阅读方便，书中不少地方将"他"和"她"合并为了"他"使用，在此说明一下。

赵永久

2020 年 10 月 15 日

CONTENTS

目　录

第一部分

滋养，亲密关系经营的不二法则

第二部分 / 做好自己，滋养自然就会发生

第三部分

深深地懂得，才能深深地滋养

第一部分

～～～～～～～～

滋养，亲密关系

经营的不二法则

～～～～～～～～

我曾经在北京的一条胡同里，目睹过这样一幕。

那是一条很窄的胡同，有一侧还停满了车，剩下的宽度大概只能容一辆车通过，但就在我路过的同时，两辆轿车从两头迎面开来，谁也没有提前避让对方的意思。

结果等两辆车碰头时，就只能头对头停在胡同里，谁也过不去，两个年轻小伙子各自坐在车里叼着香烟看着对方，互不相让。不一会儿，后边的汽车、三轮车、电动车、自行车就挤成了一片。

我并没有停下脚步看他们是如何解决这个问题的，但我相信我的想法和你是一样的，如果他们要从这条胡同通过的话，解决眼前这个困局的方法，只有一个，就是来自其中一个方向的车全部后退，让对面的车先过去。

我不知道他们当中哪一方最后选择了退让，但可以肯定的是，若没有任何一方愿意退让，他们就算是这样对峙到老死也无法通过这条胡同。

并且，如果他们当中谁想最快速度通过的话，最能保证效率的方法，是自己先退让，让对方先过去，这样自己就可以尽快过去了。

这一幕，带给我的感觉，和这些年我观察到的很多人在亲密关系中的困境极为相似。

亲密关系中，一般都是一方觉得另一方有问题，比如懒、不上进、不会关心人等等。而另一方觉得这一方也有问题，比如爱发脾气、没有耐心、太要面子等等。

双方都觉得是对方有问题，都想通过改变对方来摆脱痛苦，于是吵架、冷战，有的甚至动不动以分手来威胁对方。

这也是很多人在亲密关系中痛苦的原因，都是希望对方做出改变和让步，都把关系变好的责任放在了对方身上。两个人都这样想时，和两辆车都希望对方避让是一个道理，结果就是困在那里，谁也动不了。

在不分开的前提下，想要解决这个问题，最为简单，也是最为有效的方法，与汽车快速通过胡同的方法是一样的。即不再想着改变对方，而是只管成长自己，然后通过滋养对方来帮助对方成长，在对方成长之后，自己自然会收获幸福的亲密关系。此后，自己内心的一些需要也可以得到一定程度的满足。

这是我十几年时间从事婚恋心理辅导的心得，也是我个人经营亲密关系的体会。

从我开始意识到亲密关系的经营是需要成长自己滋养对方，而不是改变对方时开始，十几年过去了，我和爱人之间已经从当初"三天一大吵，两天一小吵"的状态变成了现在默契与和谐的状态，两人对对方也都越来越接纳、理解和包容。更重要的是，我们也都在这段关系中变得更加的成熟和完整。

我也越来越坚信，滋养对方而不是改变对方，是亲密关系长久幸福的不二法则。

滋养，指的是在两个人的关系中，一方通过做一些什么或不做一些什么，来为对方内心发展与成长提供一些必要条件，帮助对方获得心理上的发展和成长，使对方变得人格更加成熟、内心更加强大。之后亲密关系中的痛苦也就会相应地减少，幸福的时刻会自然地增多。

我曾经听过一个有着不同版本的段子，大意都是这样的：

在某个地方有一对兄弟，都到了找对象的年龄了，但在当地没有合适的姑娘，于是他们决定一起出去寻找。

有一天他们到了一个村子，在村口的河边遇到一个姑娘。

哥哥觉得这就是他想要找的爱人，他决定留下来去跟这个姑娘的家人提亲。

而弟弟觉得这个女孩儿很一般，他要继续寻找更好的女孩儿。

哥哥留下来后打听到了姑娘的家住在哪里，也打听到了当地有一个特别的婚嫁风俗。

在当地，如果哪个小伙子要去姑娘家提亲就要带牛作为聘礼，牛的数量的多少代表了姑娘在小伙儿心中的魅力程度。最少的是一头牛，说明小伙儿觉得姑娘是最丑最没魅力的；最多的是九头牛，说明小伙儿觉得姑娘是他心中最美丽、最有魅力的女孩，用现在的话来说就是女神级别的，在当地被称为"九牛之人"。

在做好了准备之后，哥哥带着九头牛到了女孩儿家提亲，开门的是女孩儿的父亲。明白来意之后，女孩儿的父亲说："小伙子，你想向我女儿提亲可以，但我女儿没有那么好，不值那么多头牛，有个三四头牛就可以了！"

哥哥说："在我眼里，您的女儿就值九头牛。"

几年之后，弟弟到处寻找无果，踏上了返乡之路，回来的路上他想要看看哥哥现在过得怎么样。

当他再次到了当年的那个村口河边时，远远地就看到一个又漂亮又有气质的少妇在河边洗衣服，旁边有一个两三岁的孩子在玩耍。他很惊讶这里怎么会有这么有魅力的女人，当年路过时他怎么没有发现呢？

他走上去向少妇打听哥哥的家住在哪里，少妇跟他说："跟我来吧！"

等到了哥哥家，他才知道眼前的这位少妇就是当年他和哥哥在河边看到的姑娘，也就是他的嫂子，因为跟哥哥一起生活了几年之后，当年很普通的姑娘变成了现在非常有魅力的样子了。

这个叫《九牛之人》的段子，想要说明的道理是赞美与认可在亲密关系中的价值。

毕竟是段子，明显有夸张的成分，但故事中所说的道理也正是滋养的概念，只是滋养一个人并不是觉得对方在自己心里是最好的那么简单而已。如果要让这个段子成为现实的话，哥哥要做的，除了赞美与认可，还要包括很多内容。比如深深地理解、接纳、信任，承受住攻击与否定等。

不过，故事巧妙地隐喻了人们在亲密关系中截然不同的两种态度，在故事中这两种态度被隐喻成了两条路：一条路是不断寻找最合适的人，另一条路是找一个差不多的人然后好好去关爱、滋养对方。弟弟选择了前面那条路，哥哥选择了后面这条路。

现实中，因为结婚年龄越来越晚，很多人在前面那条路上本身就已经走了很远了。但无论在前面那条路上遇到过多少人，最后选择的人是谁，结婚后都会有痛苦和不满，时间久了都会觉得对方没有当初自己以为的那么理想，不少人甚至觉得对方还很糟糕。

也许这个时候，后边的那条路，是每个想要在亲密关系中获得长久幸福的人都要去走的。

毫无疑问，在亲密关系中能够滋养对方的人，无论和谁生活在一起，幸福的概率都会大一些。

而如果你去观察那些在婚姻关系里很幸福的人有什么特点的话，也一定会发现他们中间是有滋养性因素存在的。

我父亲有一位好朋友，比我父亲年长几岁，我叫他大爷。在我的记忆中，大爷和大娘之间是非常幸福的，也许他们之间也会有矛盾和不满而我并不知道，但在见到他们的有限时间里，看到他们说起对方时，往往都是认可、欣赏和理解，没听到过有批评、指责和否定。

他们之间，我感觉就是明显的具有滋养性的关系。

同时，大爷和大娘的故事也深深地滋养到了儿时的我和我的家人。

我的老家在农村，那时家里大概有十几亩地，但我们姐弟四人当时年龄还小，虽然都很早就帮家里干活，起到的作用还是很有限，母亲身体又不好，全靠父亲一个人为主下地干活。

很多年，一到农忙季节，父亲往往是天不亮就起床下地干活，天黑之后还在地里不愿回来，非常地辛苦，但还忙不过来。有那么几次，熟了的麦子因为来不及收，遇到了下雨天只能眼睁睁地看着在地里发芽。也有时，最佳的播种季节已过，种子却还未全部播完。

往往这时，大爷、大娘和他们的儿女们在收种自家庄稼的间隙，就会到我家来帮忙，减轻了我们一家人不少的劳动负担。

在当时，如果不是有像他们这样的亲戚朋友常常来帮助的话，我们一家人会更累更辛苦，庄稼的收成可能也会更低。

从心理发展的角度看，儿时的我就会感受到更多的弱小和无助。他们的存在减少了我内心的这种无助感，在我幼小的心灵里注入了一定程度的爱和力量。毫无疑问，我是被他们滋养了的。

具有滋养能力的人，可以滋养到的往往不仅仅是他们的爱人，还会滋养他们的孩子、亲戚、朋友等身边的人。他们就像太阳，被他们的光照射到的人，都会感到温暖。

亲密关系中，尤其需要这样的温暖。当一对夫妻间充满了温暖之后，整个家庭往往也都充满着幸福的气息。

[第一章]

爱你，因为渴望被你滋养

有人说，爱上一个人是一种心动的感觉；也有人说，爱上一个人是前世的姻缘；还有人说，爱上一个人是化学作用。

从进化心理学来看，人们都喜欢长相好看的人，因为长相好看就是基因良好，抗病毒能力强。

所有长相好看的人都具备两个特点：一是五官均匀；二是左右脸对称。

而研究发现这些都与人的抗病毒能力相关。喜欢长相好看的人是本能，也是基因在择优，这样可以繁衍出更健康的后代。

但这肯定不是爱情的全部，因为这解释不了为什么有些爱人之间身高、相貌差异很大的现象。

深度心理学给出了答案，当我们爱上一个人，那股力量那么强大，是因为在潜意识里本身就隐含着一些强劲的心理动力。

这些心理动力里有多种力量并存，但其中有两股力量是最为核心的力量，在每个人的潜意识里这两股核心力量的大小不尽相同。

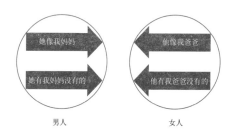

相爱的内心动力

一股动力是想要找一个像自己异性父母的人，这也是弗洛伊德[①] 用来解释儿童心理发展的最重要的理论。

正常情况下，每个儿童到了 3 ~ 5 岁都会爱上自己的异性父母，但随着儿童意识到自己不可能跟自己的异性父母在一起后，不得不把心中的爱恋压抑起来，变成一个妥协方案，

---

① 　西格蒙德·弗洛伊德（Sigmund Freud，1856 年 5 月 6 日—1939 年 9 月 23 日），奥地利精神病医师、心理学家、精神分析学派创始人。

即长大了做一个像自己同性父母一样的人，然后找一个像自己异性父母的人。

可以想象，一个人在儿童时期对异性父母的爱恋有多深，长大后遇上一个像异性父母的人时爱上这个人的动力就可能有多么地强劲。

第二股核心动力，就是找一个拥有父母身上该有但却没有的品质的人。

父母该拥有的品质，都是用来满足孩子成长过程中的正常需要的，如果这些品质缺失，势必会导致孩子该获得的没有获得，该体验的没有体验到，形成心理上的缺失。

这股核心动力，在本质上就是希望通过与拥有父母缺失的品质的人结合，来获得儿时没有获得过的一些体验，弥补自己内心的缺失。比如被爱、被接纳、被认可、被重视等等。

这也是为什么爱上一个人时的动力会那么强大，甚至可以为之付出一切。

也正是因为这样的原因，我们才会常常听说：

一个女孩儿儿时在家里得不到父母的关爱，体验到的不是打就是骂，长大后遇到了一个主动关心她给她温暖的男人，尽管这个男人可能并不适合她，但她还是很快就被俘获了芳心。

没有谁的父母是完美的，也没有谁心理上是没有缺失的，所以，我们的内心都存在着这股动力，只是大小不同。

我们都想在爱情里寻找内心缺失的

人的心理发展是有规律的，在不同的阶段有不同的需要，当需要被满足，心理会继续向前发展。而如果需要没有被满足，这时所带来的痛苦强度超出了人在当时可以承受的程度，就会打断心理的发展进程，使部分或全部的心理发展停在那个被打断的时间点上。

痛苦的程度、时间的长短、当时的承受能力等因素的不同，导致了心理发展停滞的程度也不同。

比如，我曾经遇到过多位都是在出生几个月后被送到托儿所的学员，长大后他们的特点却并不一样。

有的只是具有那个时期的婴儿的一些特点，比如多少有点边界感不是那么清晰，但自己还是可以正常工作、生活的。

而有的则是整个人就像是那个阶段的婴儿，生活上和情感上都非常依赖别人，但却完全不愿照顾别人，也无法理解别人的想法和感受。

这就跟他们被送去的时间早晚、长短和在托儿所的养育质量好坏有一定的关系。

人的心理发展最重要的时期是五六岁之前，如果要说得更准确一些，是 3 岁之前，人的核心人格特质，都是那时形成的。俗话说的"3 岁看大 7 岁看老"，也说明人们已经根据生活经验观察到了儿时形成的人格特质会影响人的一生这一关键规律。

之后，人的身体会长大，智力会发展，心理的其他部分也会发展，但那个被打断阶段的心理特点会被留下，成人后会依然拥有那个阶段孩子的一些心理特点。

生活中我们常说某某人跟孩子似的，就是我们感觉到了他身上有孩子特点的部分，也就是他心理的某个部分或全部的发展停滞在了某个阶段的孩子时期了。

比如有的人不能延迟满足，需要什么了就必须马上得到，有的人焦虑了就想吃东西，有的人觉得别人就应该照顾自己。这些都是 1 岁前婴儿拥有的特点，表明这样的人在 1 岁之前，有过一些心理发展的需要满足的缺失。

在人的一生中，那些没有被满足的心理发展需要会一直期待可以被满足，而这些需要一旦被满足，心理发展会再次启动。

再比如，如果一个人在儿时没有感受到过自己在父母心里是最重要的，就可能会一直想要满足这个需要。表现在亲密关系中就可能会是要反复验证对方是在乎自己的，自己在对方心里足够重要，才敢进入亲密关系。

013

并且进入亲密关系之后，还会爱吃醋、计较对方心里有没有他，有的人甚至会在意对方以前是否曾经爱上过其他人，等等。

令很多男人头疼的婆媳关系问题，有时就跟这一点是有关系的，婆婆和媳妇在竞争，谁在这个男人心里更重要一些。

而一旦男人可以持续把妻子放在最重要的位置，时间足够久的话，妻子内心的体验会积累成一种稳定的感觉，即"我是重要的"。这些内心的基石一旦形成，之后，即便在亲密关系里有时不被重视，妻子也不会觉得是因为自己不重要导致的，不会轻易地计较和难过。

从这股动力的角度来看，爱上一个人，是在内心深处隐隐地感觉到眼前这个人可以给我们所需要的某些重要的东西。通过与这个人的结合，可以获得儿时应该得到而没有得到的东西，然后成为一个圆融、完整的人。

缺失不同，喜欢的人不同

就像蜜蜂采蜜不是所有的花都喜欢采，羊儿不是所有草都喜欢吃一样，我们也不是所有的人都会喜欢上，蜜蜂喜欢颜色艳、温度高的花，羊儿喜欢吃营养价值最高的草，我们喜欢的人也一定是在心理上最有利于我们的，可以提供给我们内心发展所需的，也就是可以滋养到我们的人。

比如：

过于渴望被认可的人，会容易喜欢上崇拜或欣赏自己的人，是希望可以从这样的人那里获得认可。

儿时没有被照顾好的人，会容易喜欢上爱照顾人的人，是希望通过与这样的人的结合，获得那些缺失的照顾和关爱。

儿时父母形象太糟糕的人，会容易喜欢上理想化的人，渴望通过与对方的结合使自己变得更好更安全。

有依赖心理的人，会找能力强的人来依赖，表面看是想要依赖这样的人来过上正常的生活。实际在潜意识层面，也只有通过依赖对方，重新做孩子，才有机会回到当年创伤的位置再一次启动他人格发展的进程。

这些心理上需要的满足，对应的都是儿时的缺失。这也解释了为什么我们爱上的人通常都是一类人的原因，我们内心的需要未变，渴望的人的类型就不会变。一旦我们内在发生了成长，我们渴望的对象也就变了。

我们可能也都有这样的观察，内心缺失越严重的人，越迫切想找到可以满足自己的人，严重缺失爱的人会饥不择食，只要有人对他好，就会爱上对方。所以生活中我们常常看到有些自身条件很好的人，跟明显不太匹配他的人在一起，这往往就是因为他觉得只要对我好，别的都不重要了。

有些单亲或父母不在身边的孩子容易早恋，也是因为太渴望尽快从爱情中寻求家里缺少的关爱和温暖。

我上初中的时候，我的一位女同学辍学了，结婚生子去了。据我所知，她就是成长在父爱缺失的家庭中的。

如果要把人们心理上的缺失总结为一个字的话，这个字就是"爱"。

会滋养，才会幸福

从亲密关系中获得儿时缺失的爱，似乎是一种本能，就像植物天生会向着阳光生长一样，我们天生会寻找爱，会爱上觉得可以给我们缺失的那部分爱的那个人。

人们在爱上一个人时，特别是不知道对方是不是也爱自己的情况下所感受到的内心感受，是可以证明这一点的。这种感受就是不好意思，也就是害羞。

要说爱上一个人是正大光明、合理合法的一件事情，为什么会不好意思呢？甚至会有人觉得一旦爱上谁，自己马上就比那个人要低一等似的。

这一切现象的存在，唯一合理的解释是因为我们的内心深处知道自己对眼前这个人产生了特殊的情感，即渴望从对方那里索取一些我们所缺失的。这个人并不欠我们的，但我们却想索取，那种不好意思就出来了。

并且每个人爱上一个人时不好意思的程度还不一样，这是因为儿时向父母索取时被拒绝的程度不一样。被拒绝得严重的人，不好意思的感觉会更加强烈，因为父母的拒绝似乎是在对他说："你不应该索取，你有这么多的需要是不对的！"

我有一个女学员，在心仪的对象问她是不是喜欢自己时，她张嘴就说："你想多了！"事后她又非常后悔自己怎么会这样回答。她的成长经历中，就有非常多的被拒绝，还有过被送到亲戚家生活了一段时间的经历。

生活中有些人爱上了另一个人，周围的人都已经看出来了，但他自己却没有意识到，往往就是自己并不能接受自己爱上一个人，因为爱上对方带给他的不好意思的感觉太强烈，无法承受。

人的心理很神奇，对难以承受的感觉，有时会干脆否定它的存在。

被拒绝得最为严重的人，可能会不再索取，这样他们也比较难真正地爱上另一个人，只能活在自己的世界里，这就是严重自恋的人。他们在儿时早早地就因为无法从父母那里获得满足而关闭了索取的通道，变成了自己满足自己，所以，他们往往都很自大，觉得自己了不起，因为不这样，他们是活不下来的。

从这个角度看，爱即索取。

但通常情况下，恋爱的初期，人们会压抑自己的需求来满足对方，比如再自我的男人也会去照顾女人，吃饭的时候给女方夹菜，约会之后送女方回家等，而再不喜欢干家务的女人到了男方家里也会忙着做饭洗碗等。

这常常给对方一个假象，让对方以为找到了那个可以满足他缺失的人。只是一旦关系稳定，人们觉得安全了，真实的自己就出来了，不但不想满足对方那么多，还会开始索取。

比如之前约会送女方回家的男人，现在女人出差晚上回来想让他接机，但他因为要打游戏，可能就让女人自己坐车回家了；之前洗衣做饭全都积极的女人，可能就会等衣服堆成小山了才洗；等等。

当然，这个过程对很多人而言并不一定是可以意识到的，而更可能是潜意识的过程。

刚认识时努力地表现是防御内心的自卑或恐惧，害怕对方不喜欢真实的自己，关系稳定了就开始表现出真实的自己，甚至退行到孩子的状态。儿时在什么阶段缺失严重，这时那个阶段的特点就会呈现出来，其目的就是希望获得再次的满足。

所以，很多人会觉得时间久了自己的爱人就变了，变得越来越懒、越来越矫情、越来越不讲理等等，也有人大呼自己上当受骗了。

但是，多数情况下，因为两人相互对对方有期待以及又会拿成人标准来要求对方，人们对爱人的期待并不能如愿。索取的愿望往往会被挫败，被评价，甚至被拒绝。

比如：

渴望被认可的人会被评价太自卑；总想证明自己在对方心里重要的人会被说太矫情；有依赖心理的人会被要求独立；等等。

人们的这些要求和评价看起来很正确，但从滋养的角度来看，不但没有任何帮助，还会带来新的伤害，和拔苗助长没有任何区别，被这样对待的人当然也会反抗，于是很多人在亲密关系里充满痛苦。

总之，无论你是否想要滋养你的爱人，当你进入一段亲密关系，你都一定是要满足一些对方的内心需要的。否则，你无法和任何人建立亲密关系，因为渴望被滋养，是对方想要跟你建立亲密关系的核心需要。

这也就是说，只有具有滋养能力的人，才能够维系长久的亲密关系，拥有亲密的爱人。从择偶的角度看，滋养的能力越强，适合他的人也就越多，幸福的可能也就越大。

当两人决定在一起时，所要面对的就已注定

两人在一起生活，会吵架、冲突、相互指责、冷战等等，这都会给两人带来痛苦。但这些痛苦其实并不是现在才有的，而是两个人内心本来就存在的。

我的一对学员夫妻，曾经因为要不要让老家即将要来旅游的亲戚住在家里发生争吵。

老公觉得让亲戚住宾馆，显得有些不热情，怕亲戚一家心里不舒服，况且家里有闲着的房间，他想让亲戚住到家里来。

老婆觉得亲戚来的是一家人，有男有女、有大人有小孩，住在家里彼此都不方便。她认为自己家出钱让亲戚去住宾馆，也是对亲戚的接待，她不想让亲戚住到家里来。

两人各有各的想法，谁也说服不了谁。亲戚一家人还没来到，他们夫妻二人先吵了起来。

这件事情，看起来是因为要不要让亲戚住家里导致的争吵，但实际在心理层面上，这样的困难在他们两人决定在一起时，已经注定。

老公儿时家在农村，小时候随父母一起去城市里亲戚家走动时常感到不受欢迎，这对他来说是一种创伤。

因此，在他内心深处，不让老家来的亲戚住家里，就像在不欢迎儿时的他自己一样。在潜意识里，他是在避免自己内心的痛苦被再次触碰。

老婆小的时候，家里住房紧张，没有她自己的房间。早期一直跟父母住一个房间，后来跟父母分房后，她就一直住客厅。白天家里一来人，她连自己一个人待的地方都没有了。况且，那时她家里做生意，经常有人来来往往的。

在她内心深处，她一直觉得自己像是没有家的人一样。这对她来说，也是一种创伤，看起来缺少的是房间，实际上缺少的是在家里的位置，关系到归属感和重要感。

结婚之后，她工作很努力，这其中的动力之一就是希望能早日拥有自己的房子，现在终于有了自己的房子，她很爱惜自己的家。

但亲戚一家来后要住家里的话，在她的内心深处马上就会觉得像是儿时家里来了人，占领了她的空间。在潜意识里，这是让她的痛苦再现。

夫妻二人各有各的创伤，亲戚一家不住家里对老公来说是创伤再现，住家里对老婆来说是创伤再现，住与不住，都有人痛苦。

这些创伤，都是过往的经历导致的，未经疗愈的话，会伴随他们一生，无论跟谁结婚，都会存在。之后一旦被触碰，就会痛苦，进而可能引发冲突。

并且，因为创伤在潜意识里，他们还意识不到。他们只是感觉到对方不理解自己，甚至不可理喻，并不知道对方的坚持与对方内心的痛苦有关，也不知道自己的做法与自己内心的痛苦有关。

而正是内心的创伤，在影响着他们的关系。这种内心的创伤，也是这对夫妻来到课堂之后才意识到的。

人人都有心理创伤

尽管挺多不了解心理学的人会觉得人有心理创伤是一件可怕的事情，但不可否认的是，人人都是有创伤的，只是不同的人，创伤不同，程度不同罢了。

人不可能成长在一个百分之百完美的环境中，父母也不可能是百分之百完美的，人在成长过程中，是一定会经历创伤的，我们的人格都不会是百分之百完整的。特别是在生命早期，很多在生活中看似很常见的事情，就足以给人带来严重的心理创伤。

比如：

早产、难产；

生病；

身体受伤；

频繁更换保姆或奶粉品牌；

母亲身体生病或产后抑郁；

父母按照书本上写的定时定量喂奶；

睡着了被叫醒喂奶；

断奶太早或太晚；

被送到爷爷奶奶或姥姥姥爷家；

父母只关注吃饱穿暖，不关注感受；

在重男轻女家庭长大；

父母常把孩子一个人放在家里；

送到托儿所；

溺爱；

等等。

人在生命早期有这些经历都可能会一定程度地留下心理

创伤，严重的会导致心理和精神疾病。

拿几个上面举的例子具体来说。

早产的婴儿过早地来到这个世界，内心的恐惧和不安全感要比足月的婴儿多不少。在我的亲戚之中，有两个早产儿，一个特别不爱说话，一个比较缺乏安全感。

难产让婴儿不但体验到了巨大的身心痛苦和恐惧，这些巨大的痛苦和恐惧在之后的人生中也一直在潜意识里伴随着婴儿的成长而存在，为了不去感受这些感受，他需要去防御。比如需要不停地做事，安静不下来，因为一静下来就会体验到那些痛苦。

不少患有多动症的孩子，出生时都有难产的现象。心理学界也有这样的说法，多动症就是与儿童潜意识里有巨大的痛苦有关系。

频繁更换保姆，会导致婴儿无法和一个固定的保姆建立稳定的连接，长大后可能会影响其在各种人际关系中最基本的安全感，以至于可能和谁都只能是泛泛地交往，都无法深入。

不少人儿时存在着因为父母要忙工作或生了弟弟妹妹，而被送到爷爷奶奶或外公外婆家生活一段时间的经历，甚至是托儿所。如果这个时间太早，比如早于3岁之前，就存在着和母亲分离过早的情况，内心感受到的是被抛弃，以后会非常害怕分离。不少一失恋就陷入抑郁的人，儿时就有这样的经历。

这些经历都看似常见，但无形之中已经给经历者留下了心理创伤，体现在未来的人生中，都是痛苦，特别是在亲密关系中。

准确地说，儿时的经历会不会导致创伤是取决于事情发生时的痛苦程度的，当婴儿有需要时不被满足会痛苦，当婴儿没有需要时却被强迫满足也会痛苦。前者如饿了没有及时喂、睡醒了大人不在身边等，后者如睡着了被叫醒吃奶、不喜欢穿的衣服硬是被迫穿等。

前者是该发生的没有发生，后者是不该发生的发生了，这同样都会让孩子痛苦。如果痛苦程度超过了孩子当时可承受的程度，就会留下创伤。年龄越小，承受痛苦的能力越差，发生同样的事情，事情发生时孩子的年龄越小越容易被创伤。

亲密关系，会唤醒人们内心的创伤

长大之后，人们内心的创伤虽然会被防御起来，但并非不存在，哪天一旦进入亲密关系，就会被带到亲密关系中。

并且因为这些创伤带来的痛苦都是被层层防御包裹在内心深处的，也常常只有在亲密关系中，才会被触碰到。毕竟只有爱人才能走到内心那么深的地方，只有与爱人的亲密程度才像儿时与父母的亲密程度，只有对爱人才有那么多的期待和信任。

所以，有不少人与朋友、同事相处都没有问题，唯独进入亲密关系后与爱人的相处常常痛苦不堪。

因此，如果你对人的心理有足够了解的话，你就会发现亲密关系中发生的种种不愉快，通常都与两人内心的创伤有关系。一方做一些事情，或说一些话，触碰到另一方的创伤，另一方就可能会伤心、委屈、羞耻、生气等。

之后，为了不承受这些痛苦，就可能会攻击对方，或企图改变对方，这就可能会引发吵架、冲突、冷战等不愉快发生。

比如：

仅仅是晚接电话或迟回信息，就可能让一些在儿时有需要时母亲没有及时回应方面有创伤的人痛苦和愤怒。

忘了对方生日这样的事情并不罕见，但对于儿时有爱的缺失的人而言，会觉得这是不爱他的表现。

也许你仅仅是就事论事地说菜里盐放多了，就可能会让一些害怕被否定的人撂下锅铲说："谁做得好找谁做去！"

对于一些自恋方面创伤严重的人而言，也许你只是在他的朋友面前表现出不知道某个地名是哪里的，他就会认为你给他丢了脸，难以接受。

等等。

创伤被触碰会痛苦，因为痛苦，人们会想要攻击对方，这是一种保护机制，也往往包含改变对方的企图。而对方在被攻击后会想要还击或远离，这也是保护机制，也同样包含着改变的企图，吵架、冲突、冷战或分手等由此而起。

需要特别说明的是，有痛苦之后，有一些人不愿说出来或不愿发生争吵，他们会用行为而非语言来表达自己的情绪，比如沉默、使脸色、冷战，实际上这些也是一种攻击，有时比吵架、指责等用语言表达出来的方式，让对方感觉更痛苦，对关系的伤害也更大。

当然，也有人不向外攻击，而是会向内攻击自己，自己会感觉到委屈、伤心。这也是抑郁的重要病理机制，害怕向外攻击之后被报复和惩罚，只能转向攻击自己，这本身就是儿时遭受了创伤经历导致的。这样的人自己很痛苦，关系里也就难有那么多幸福可言了。

人的过往无法改变，无论跟谁生活，你找到的都不会是没有一点创伤的人，你也不会是一个没有创伤的人。因此，当你决定和一个人在一起时，你们都会把自己的创伤带进来，痛苦常常由二人的创伤相互作用导致。

既然二人所带进来的创伤已经是既成事实，你们未来所要面对的很多困难和痛苦就成了既定的了。

第二章
滋养性关系和伤害性关系

对于两人内心的创伤，我们每个人都有两种对待这些创伤的方式可以选择。

一是让那些创伤继续在内心。

生活中不小心被触碰到之后，引起痛苦和冲突，相互伤害。向内攻击的人可能不会发生太多冲突，但会抑郁。

二是成长自己，滋养对方，让双方的创伤都变少。

就像胡同里的那两个年轻人，他们的选择只有两个，继续互不相让，一直僵持下去，或者倒车让对方先过去。

多数人本能地选择了第一种方式，在关系里吵架、冲突、使脸色、冷战，甚至动不动提分开，这些都会让彼此不断在重复感受儿时经历过的痛苦，就像是相互在戳对方的伤口。这不但会让亲密关系中充满了痛苦，还是在心理上对彼此的二次伤害，可能会让两人的创伤更加严重。

比如：

有的人习惯用分手来威胁对方，但如果对方刚好有一个创伤是儿时父母常对他说，不听话就不要他了，或者他真的在很小的时候就被送离父母身边了，那每一次被提分手，都是再一次重复儿时的创伤。

有的人为了避免吵架，生气了会不说话，或离开家一阵。但如果对方的父母在他儿时常常一生气就不理他了，或把他关在小黑屋了，冷战对他来说也是创伤的重复。

不少人在想要改变对方时会喜欢批评、否定对方，这对于那些从小被父母批评、否定很多的人，或者自恋、受伤比较多的人而言，也是创伤的再现。

总之，对方儿时经历过什么创伤，你现在做了当年创伤他的人做的同样的事情，对于他的创伤而言，就是在重复。如果这样的重复没有被两人意识到，也没有通过这个过程看到内心的伤口，重复就只会让他更痛苦，创伤更严重，而不会有任何其他的帮助。

遗憾的是，相当多的人在不断地对自己的爱人做着这样的事情，但却不知道自己的做法对爱人而言意味着什么。使得原本被自己深深爱着的人，不断地被自己伤害。

有伤害的亲密关系，让创伤变严重

虽然每个进入亲密关系的人都对未来的幸福生活充满了希望和向往，在他们缔结婚姻关系时，亲朋好友们也都会前去祝贺，送上自己的祝福，但不可否认的是，不是每对爱人在一起之后都会幸福的。

有不少人在没有进入亲密关系时是看起来挺正常的一个人，可自从开始进入亲密关系，人生的痛苦便开始了。这是因为创伤在亲密关系里开始被触碰到了，以前没有亲密关系，没有人可以触碰到这些深藏内心的创伤。

在痛苦被触碰之后，人们会发脾气、提分手、冷战等，这些都是一种表达，是想要告诉对方："我很痛苦，我希望你可以改变对待我的方式。"但这样的表达也往往会同时伤害对方，于是相互伤害，成了不少爱人之间持续发生的事情。

也有不少人，承受不了，出现了心理问题，于是失眠、焦虑、易怒、抑郁、崩溃等，还有人出现精神疾病。

我曾经有一个同事，结婚前为人处世都还挺正常的一个女孩儿，结婚后没几年就出现了精神分裂症状：幻听。她的婚姻中，除了吵架外，还有家庭暴力。

虽然说心理疾病和精神疾病都与人们本身的人格基础有一定的关系，但是否会激发他们发病，也与环境有一定的关系，如果他们一生非常顺利的话，也许就永远不会发病。

我这些年也接待了不少因为情感出问题，而出现情绪接近崩溃的来访者，亲密关系对人内心的扰动实在是太大了。

所以，关系不是只有滋养性的关系和非滋养性的关系，还有伤害性的关系，而在这种伤害性的亲密关系中，人们内心的创伤就有可能会变得更加严重，甚至无法承受。

创伤少了，幸福自然多

可以肯定的是，在亲密关系中相互伤害是一条死胡同，走进这条胡同而没有任何人愿意改变的话，等在前面的除了分开，就是无尽的痛苦了。

在不分开的前提下，如果想要改变这个局面，并不复杂，改变我们对待对方身上的创伤的态度和方式就可以了。

把原来的让彼此都痛苦的吵架、冷战、想制服或改变对方的方式，也就是戳对方伤口的方式，变为滋养对方就可以了。

之后，当关系里任何一人受到滋养后有一些内心成长了，或创伤减少了，痛苦自然就少了，幸福的时刻就相应会多些。

这一点在我这些年与爱人的关系中越发地有感悟。

就在不久前的一天，她下班回家时因为没有带门禁卡，拨了家里的门禁系统，我通过屋内的门禁系统给她开了楼下单元门后，转身去厨房做饭了。

不一会儿她给我打电话，我才意识到我没帮她按电梯。家里的电梯是要刷卡才能按楼层的，没门禁卡的人进来，要有人在楼上按一下上行或下行键，电梯才会上来。

由于我忘了按电梯，她进了电梯后因为楼上邻居按了电梯，她就一直被带到了二十多层，而我家在五层。

当她进到家里后，我原本以为她会不高兴，或者至少也要说我两句。但事实跟我想的不一样，她什么也没有说，就开始吃饭了，仿佛刚才那件事情根本就没有发生过一样。

我这才意识到，她在这一点上也发生了挺大的变化。这件事情要是放在我们刚结婚的那几年，一定会引发一顿争吵，足够我们两人痛苦一阵的。而这次，她的做法完全不一样了。

这种不同，其中一个原因是相对于以前，她内心有了更多的安全感和自信，深信自己是很重要的和有资格得到爱的，就不会再把我一时的疏忽解读为心里没有她，也就不会痛苦和不高兴了。这一点，在事后我跟她聊起时得到了她的确认。

进一步讲，如果她那天回家后不高兴说我两句，很大概率上也不会再像刚结婚时引起争吵了，因为我也不再是以前的我，不会在听到批评与指责后马上就反驳了。我感觉自己可能会马上对她说："对不起，我给忘了！"这样的话，她很可能也不会再揪着这件事情不放了。

现在的我们，都已不再是当年的我们，在这些年一起生活的过程中，内心都成长了，创伤少了，冲突和矛盾也少，痛苦当然也就少了。

这与这些年我们各自努力地成长自己有关，也与我们两人之间的相互滋养有很大关系。

而滋养，就是刻意地去满足对方内心的一些心理缺失，帮助对方成长，或帮助对方疗愈一些创伤。

或者说，每个人的内心深处或多或少都有没有成长好的孩子的部分，在亲密关系里带来痛苦的也往往正是两人内心孩子的部分在索取、防御入侵、表达不满等。

爱人之间喜欢用的"宝贝""小乖乖""宝宝""大宝宝"等爱称，也明显具有称呼小孩子的感觉，但就是这样像叫小孩子一样的叫法，让爱人们之间备感甜蜜与幸福。因为这种称呼本身就传达了一种态度：

我愿意把你当孩子来对待，我愿意养育你的内在小孩。

而这也正是滋养的做法，在某些方面把对方当孩子看待，照顾对方内心的孩子部分，让他心中那个内在小孩慢慢长大。

当他的内在小孩部分长大之后，就自然会用成熟的方式来与你相处了。

这时，关系里的痛苦自然就少，幸福也自然就多了。

除此之外，当亲密关系里的滋养发生时，可能还会有个更大的受益者，就是你们的孩子。孩子会因为父母的成长而获得更好的接纳、理解和爱，也会因为父母幸福地生活在一起而常常感受到家庭的温暖，而这对他们的人格发展非常重要，关系到他们一生的幸福和成功的心理基础。

第四章
滋养，从自己做起

毫无疑问，亲密关系的改善，最好的情况是双方都成长，相互滋养。

但是，当我们在滋养这件事情上过于强调"相互"时，就又是在要求对方，像是在说：

"你滋养我，我才会滋养你。"

如果对方也这么想，就又会陷入两人都把幸福的希望寄托到对方的改变之上的困局之中，谁也不会主动先滋养对方了，还是像在胡同里都希望对方先倒车一样。

这意味着，如果你真的想要改善亲密关系的话，最好的做法，是先不管对方做得如何，只管把自己的事情先做好。你有改变，关系本身就会有改变，自己做那个良性循环的启动者。

这也是一种把人生把握在自己手里的做法，对自己的人生负责。

也有可能，仅仅是你自己在滋养对方，你就可以感受到一些感动在心里。真是这样的话，滋养对方的同时，也滋养了自己。

我对这一点是有一定感触的，当我想着为我爱人做点什么时，自己心里也常常能感受到幸福。比如做一顿她喜欢吃的饭菜，做的时候心想是专门为她做的，这时心中就会有一种幸福的感觉。那是一种跟对方在一起的感觉，温暖、喜悦。

当有人滋养你时，他与你在一起。当你滋养别人时，你与他也是在一起的。滋养与被滋养，都是与人在一起，不再孤单。而在一起，不正是亲密关系存在的意义本身吗？

如果你愿意，现在你就可以先放下书，想一想你可以为你的爱人或家人做点什么，但一定要是对方需要的内容。或者如果现在没有条件马上去做的话，计划一下在未来某个时刻去做也可以。

比如对方想要的一个东西，想吃的一种食物，想去的一个地方，想得到的一种对待等。

然后，觉察一下，你有什么感觉？

1. 你做了或打算做什么？

_____

_____

_____

2. 你有什么感受？

_____

_____

_____

如果你在为对方做一些付出时，自己也可以感受到幸福的话，这说明你体验到了与对方在一起的感受。

之所以这么说，是因为有人体验不到，这其中可能有很多原因。

有一种情况是有的人在亲密关系里只能接受对方来满足自己，而不愿意去满足对方。比如我遇到过一些学员，他们的困惑是"我不需要爱人时，他也来烦我"。

我把他们的特点形容为："只能我对对方有需要，对方不能对我有需要"；或"只能我使用你，你不能使用我"。

这实际上是婴儿的心理，只能妈妈满足婴儿，婴儿是不会也没有能力满足妈妈的。

他们没办法滋养别人，所以，他们也很难维系长久的亲密关系。

与他们在一起的人常常会有这样的感觉：我在他眼里似乎是他的一个工具或物体，唯独不是一个人，是不能有自己的感受和意愿的。

这是很让人心寒的事情。

那么，他们到底是怎么了呢？

滋养的前提

婴儿出生后，并不知道外面有别人的存在，包括妈妈，他觉得是自己在满足自己。这时别人在他眼里都还不是人，跟整个世界一样，都被他感知为是他的一部分而已。

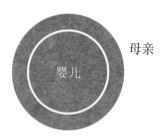

母亲

婴儿

一元关系时期的婴儿

这时的婴儿，是处于一元关系中的，即世界和他是一体的，在他的感觉里，世界上只有他自己存在。

　　大约 6 个月时，婴儿才会意识到外面有个妈妈在养育自己。如果你养育过孩子，你会知道婴儿这时开始"认生"了，不认识的人有时不让抱了，这意味着婴儿知道了谁是妈妈。

　　婴儿的世界里开始有了妈妈，也开始有了自己。从这个时期开始，婴儿就进入了二元关系里，婴儿意识到了自己是一个独立的个体，和妈妈不是一体的，妈妈也是一个独立的人。

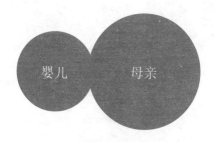

二元关系时期的婴儿与母亲

　　也只有从这时开始，婴儿才会有照顾别人感受的能力，比如有时吃东西时会喂妈妈，看妈妈吃不吃。照顾别人感受的前提是意识到有别人的存在。

　　从此婴儿也就走向了逐渐和妈妈分离，成为一个完全独立的人的旅程，这个过程要一直持续多年。

　　再往后，大约 3 岁，爸爸开始进入孩子的心理世界。这时，对于男孩儿来说，爸爸是他的竞争对手，竞争的目标是妈妈的爱。对于女孩儿来说，爸爸是她爱恋的对象，妈妈是竞争对手，即进入了著名的弗洛伊德所说的俄狄浦斯期 ①。

这时的关系，不管对于男孩还是女孩，都是三元关系。而三元关系也是未来他要面对的复杂的世界的本来面目，即有爱有恨，有竞争有合作。心理发展度过这个阶段，才是成熟的。

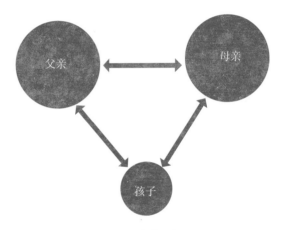

三元关系中的孩子与父母

心理状态还完全处于一元关系的人，最需要的是让自己的心理状态进入到二元关系，最好是三元关系里，即世界除了自己，还有别人，别人中有男、有女，有各种各样的人，

---

① 俄狄浦斯期是弗洛伊德提出的性心理发展的第三个阶段，第一个阶段是 0 ～ 1 岁，口欲期，即婴儿的快感的满足主要来自口唇部位的兴奋；第二个阶段是 1 ～ 3 岁，肛欲期，即儿童这时的快感的满足主要来自控制大小便时排泄器官感到的兴奋为主；第三个阶段，也叫性蕾期、恋父恋母期，儿童主要的兴趣是与同性父母竞争异性父母的爱，发展到这个阶段的儿童已经可以体验到生殖器的兴奋所带来的快感。

他们都可能与自己不一样。然后才可能会适应亲密关系，因为亲密关系是二元关系，这个二元关系在与外界互动时就变成了三元关系。

心理状态完全处于二元关系状态的人，虽然说可以把别人当人来看待了，但他们会特别害怕分离，两人一不见面，就感觉对方像不存在了一样，对方在他心里还不能形成一个稳定的存在。所以，他们会特别地敏感，亲密关系也是容易遇到问题的。如果能够解决这些问题，可以进入到三元关系的阶段，拥有幸福的亲密关系更容易成为现实。

如果你发现自己不愿意在亲密关系里为对方做任何付出，希望对方对你也完全没有需要，你可能需要搞明白自己是不是完全活在一元关系里。是的话，解决了这个问题，你在亲密关系中的很多困惑和困难会有机会得到解决。

反过来，如果对方是完全活在一元关系中的人，你想要滋养对方的话，困难也会非常大，因为对方对爱的需要是吞没式的，也就是无止境的。即你给多少他都觉得不够，像个黑洞，很难被填满。

如果对方已经进入了二元关系，相对要容易些。到了三元关系中的人，需要的滋养就会少一些了，因为他的人格已经比较成熟了，他对你也会有很多滋养了。

但实际上，我们每个人在各个阶段都可能有缺失，多数人可能并非完全停留在一元关系或二元关系中，而是在一元关系中有一些缺失，在二元关系和三元关系中也有一些缺失。

就像很多人都盖了三层楼，楼是盖起来了，但都有缺失的部分，有的是某个楼层少根柱子，有的是某个楼层的柱子不够结实，有的是某个楼层墙漏风，有的是某个楼层缺窗户少门等。

而那些完全停留在一元关系和二元关系中的人，像是只盖了一层或两层。他们最需要的，是把三层楼都盖起来，这往往需要专业人士的帮助，也就是心理咨询。

而滋养要做的事，一般来说是对方已经有了三层楼了，我们来帮助他一起补补那些缺失的部分，以及加固一下那些不够结实的部分。

不过，如果你想要在亲密关系里通过滋养来帮助对方把楼从一层盖到三层，我不能说从理论上完全不成立，但那一定会是一件非常不容易的事。

所以，你滋养的难度，除了你自己处在哪个阶段以外，也要看对方在哪个阶段。

在本书中，我会具体介绍一套系统的方法和思路。只要适合你们的关系，但凡你做到一些，你可能就会看到你们的关系有一些好的变化。

幸福，从来不在别人手里，而是在自己手里。

你的缺失越少，滋养对方越容易

当你想要滋养对方，某些时候是要围绕着对方内心的缺失来思考和做事的，也就是有时要一定程度地以对方为中心了。

但如果你也有不少缺失，比如也时刻渴望得到对方的认可、在对方心里永远排在第一位等，而对方也满足不了你这些需要的话，这可能就不行了，因为这些需要是不太容易放到一边的，这些需要不被满足，你会非常痛苦的。

仅仅是因为需要不被满足，你就有可能会愤怒或恨对方的，何况你还要去满足对方。怀着恨意或压抑着心中的愤怒去滋养对方，这将会是一件非常困难的事情。

说不定哪一天忍受不了就会彻底爆发或放弃之前的努力，将这些愤怒或恨释放到对方身上，这就又变成了相互伤害了，我想这不是你想要的。

还有可能，这些愤怒和恨组成的攻击性力量未被你觉察到，你可能会有潜意识层面的攻击，这有时比直接表达攻击性对关系的伤害更大。

这些行为通常是不被自己所觉察的，更不会是故意的，但却能达到攻击对方的效果。

比如：不经意就忘了对方交代的重要事项，不想与对方发生性关系或发生时行为粗暴，不经意让对方当众出丑，把饭做得难吃等。

同时，想要深度地滋养对方有时是要承受对方的攻击和否定的，当对方攻击或否定你时你如果报复他，多数时候对他是没有帮助的。反之，很多时候如果你可以承受住攻击，不因此改变对他的态度，是可以帮助他慢慢降低对你的攻击性的，这样也就促进了他的人格的整合与发展。

就像国产动画电影《哪吒之魔童降世》中一样，哪吒一出生就开始攻击众人、毁坏房屋，当母亲把充满愤怒与敌意的他抱在怀里时，他一口咬住了母亲的手臂。这时，他母亲继续紧紧地把他抱在怀里，充满母爱地看着他。他的眼神立即就由愤怒、敌意变得可爱了，但又有些困惑与不确定感。之后，他确定了自己在母亲怀里是安全的，没有人可以伤害到他，眼神就又变成了可爱的、亲切的。

那一刻，借由母亲对他的接纳，他心中的外部世界由充满敌意的变成了善意的、有爱的，他被母亲滋养了。看这部电影时，这一幕给我非常深刻的印象，让我对影片的创作者们也敬佩不已。

在孩子的成长中，他们很多时候是通过攻击来感受和认识外在的世界的，就像小婴儿见到什么都用嘴啃咬一样，那是他认识世界的方式。同时，在需要未被满足时，他们也会通过攻击外界来表达不满。

面对孩子的攻击，母亲如果可以接住，孩子会认识到外部有一个人在关爱他、照顾他，他和母亲的界限慢慢也就出来了。同时，他也会感觉母亲是有力量的，自己的攻击性是可以存在的，攻击性慢慢就可以整合到他的人格当中去，他会成为一个有力量的人。

需要注意的是，有力量的人，并不是攻击性强的人，反而是不容易产生愤怒但能坚守自己边界的人，他们才是真正的强者。那些成年后充满攻击性的人，并不是有力量的人，而是对世界充满恐惧和愤怒的人，是儿时没有得到足够好的照顾和关爱的结果。

攻击性偏强的人，常常是希望通过攻击外界来改变环境，好让环境适应他们，当他们的攻击性被接纳，同时又意识到自己被爱的时候，攻击性是有可能被慢慢驯化了的。

不过，攻击性被驯化有一个前提，即被他攻击的人不会被他摧毁，既不会因此变得伤心、难过，也不会报复和惩罚他，而是根本不受他影响，依然对他还是原来的态度。

我有一个来访者对我说，我感觉内心的那个我出来了，会把世界都毁灭了。

另一个来访者说，我担心一攻击你，你就会离开我。

他们会有这样的担心，都是因为当初的父母不够有力量，无法承受他们的攻击，比如在他们咬母亲的乳头时母亲打了他们一顿，或者他们哭闹时被扔下不管了。

这两位来访者都是女性，当初都收回了自己的攻击性，也就没有发展出力量感。她们俩有两个共同点：说话声音都比较小，也都比较瘦小。

而那些因为被惩罚、报复但并没有收回自己攻击性的人，他们一般会显得有力量，但会变成任性、倔强、脾气大的人，通常不愿意向人妥协。

在亲密关系中，人们评论某些夫妻时会有"某人可以降住某人"的说法，这里的"降住"有时指的就是不被对方的坏脾气所摧毁，反而能让对方变得平静下来，实际上就是滋养。

在亲子关系里，很多母亲可以做到这一点，用爱对待自己孩子的攻击性，所以，才会有那么多内心充满力量感的人成长起来，他们成年后往往同时拥有幸福与成就。

放在亲密关系里，做到这些就有一定困难了，因为我们面对的是一个成年人的攻击，尤其是面对一些攻击性过强的人时。

但是，面对一些常见的攻击，或者攻击还没有升级到过于强烈的时候，如果能够接得住，对方的攻击往往就不会再升级，亲密关系中相互伤害的恶性循环就会被终止。如果持续感受到你的善意与关爱，对方的攻击性就有逐渐降低的可能。

当然，如果对方的攻击很强烈，火气很大，你也能够接得住的话，那样更好。

只是，被攻击还要继续对他一成不变地好，这的确是一件非常不易的事情，做不到也可以理解。

但如果你能了解更多的心理学知识，知道对方攻击背后的需要，以及明白你其实很多时候并不是他真正想要攻击的那个人，你只是儿时创伤他的那个人的替罪羊，你被对方的攻击实实在在伤到的可能性就会降低，承受能力会提升。

在后边，我会介绍一些相关的原理，帮助你理解对方愤怒背后的需要及原理。

面对那些攻击性向内、容易抑郁的人，想要滋养他们，就更要能承受他们的攻击性，因为他们只有把攻击性从向内转为向外，才可能会把攻击性整合到自己人格当中，变成有力量感的人，以及有生命力的人。变得会愤怒，往往是他们变化与成长的开始。

成长自己，滋养会变容易

滋养一个人可能需要承受这么多，看完上面的内容，你还想要滋养对方吗？想要的话，你可能需要给自己回答一下这个问题。

为什么你要滋养对方？

_____

_____

_____

_____

你需要有你的答案，这是你去滋养对方的动力，这也是为什么滋养这么不易，你还要去做的原因。

我不知道你的答案是什么，但如果你的答案中有很大比例是因为恐惧的话，比如害怕离开对方太痛苦，或者担心离开对方之后，自己一个人无法过上想要的生活等，因为这样一些原因才去经营关系、滋养对方的话，那么这些内心的恐惧很可能会影响你经营关系、滋养对方。

比如有人会因为恐惧而控制欲极强，或动不动发脾气，还有的人会讨好对方、压抑自己，这些对滋养都是不利的。

这些年我接触很多案例，其中一个类型给我很深的印象。

这类来访者当中女性占比偏高，通常是前期他们在关系里控制欲很强，动不动就发脾气。一开始对方还能承受，经过一段时期之后，或者发生了一些对方实在无法忍受的事情之后，比如他们攻击对方的父母，或者动不动就情绪上来了拿孩子出气，对方就提出了分手。

这时他们才忽然意识到自己之前做了什么，想要开始挽回关系并好好经营，且很后悔自己之前的做法。

他们之前的控制欲、爱发脾气都与内心的恐惧有关，恐惧对方不爱自己，现在当他们想要修复关系时，看起来不再控制和发脾气，但实际上在他们的内心的恐惧依然是存在的，甚至比以前更强烈。这种情况下，即便修复了关系，也是很难滋养到对方的。

因为他们中一些人，会从原来的控制、发脾气的一端，跑到完全地放弃自己、讨好对方的一端，而放弃自己、讨好对方是无法滋养到对方的。关于这一点，我会在后面的章节有专门的阐述。

也有一些人，关系一旦稳定之后，他们内心觉得安全了，就又回到原来的控制和发脾气的状态中去了，这样过一段时间后对方又可能受不了，然后又提出分开，他们又要挽回。

这样经过几次分分合合的反复之后，对方可能就对他们的改变完全失去了信心。这个时候，他们想要再次挽回对方，就变得极其困难，甚至不可能了。

想要滋养对方，需要我们没有那么多的恐惧，因为恐惧越多，我们就越容易被对方唤起情绪，情绪起来的时候，也就很难做到滋养了。

因为恐惧想要经营关系，而经营关系就需要滋养对方，想要滋养对方就要减少恐惧，事情又回到了起点。

说到底，我们会因为恐惧或痛苦而想要做一些事情来避免恐惧或痛苦的事情发生，但人生更多的痛苦恰恰是因为我们想要规避这些恐惧或痛苦而产生的。真正要解决问题，我们终将要面对自己内心的恐惧或痛苦，因为这才是问题的根本。

如果你在滋养对方，并发现做起来非常困难，甚至会有不少痛苦，这种情况下，你还想要继续滋养对方的话，你就需要面对自己内心的恐惧和痛苦，或者说强大自己的内心了。

在强大自己的内心方面，我在上一本书《爱的五种能力》中介绍的情绪管理的方法和允许的练习，实际上都是很具体的让自己内心强大的方法。

从情绪管理的角度来讲，当内心有情绪时，尤其是自己的情绪按钮被触碰时，可以试着去穿越这个情绪按钮，穿越的过程，即是面对自己内心的恐惧和痛苦的过程。

比如，当对方说你地拖得不干净时，你可能会愤怒，想要对他说"自己不干，别人干活时就不要说三道四了"。

这其实就是害怕被否定的情绪按钮被触碰到了，因为这种感觉不好受就会想要攻击对方，愤怒是想要攻击对方的动力，但不是最初的感受。最初的感受是因为被否定而唤起的感到自己不够好而产生的痛苦。这些痛苦可能是儿时被否定时的痛苦感觉，也可能是儿时想要关爱而得不到时的痛苦感受，等等。

如果你愿意，可以试着去感受一下愤怒背后的这些痛苦感受，跟这些感受在一起待一待，就像按摩时虽然有点痛，但你依然在承受一样，如果这些感受经过这个过程变得可承受，你可能也就不会再想向对方发脾气了。这样一来，你就完成了一次穿越情绪按钮的过程。

从允许的角度来讲，当遇到自己不能允许的事情时，可以用"我允许"的练习轻轻地和内心的脆弱及痛苦来一个接触，看看是否真的不可承受。如果原来以为不能承受的事情，实际是可以承受的，通过这个过程，也是让自己的内心变得强大了些。

比如，对方把袜子和裤头一起扔进了洗衣机，你如果觉得他这是做了一件很无知，甚至是愚蠢的事情，原来你可能会发脾气或嘲讽对方，现在你可以对自己说"我允许他达不到我期待"，来和自己内心深处对他的期待的落空而产生的痛苦感受做一个轻轻的接触，看看自己是否可以承受。

如果可以承受，或者不可承受经过这个过程变得可承受了，你就完成了一次和自己内心的脆弱或痛苦接触的机会，这就会有成长的发生。

人的内心总是要经过这样的面对才会成长，而这些都是面对的方法。

除此之外，如果你的爱人也可以滋养到你，满足一些你的内心需要，也当然是可以帮助你内心变得越来越强大。

关于这一点，如果对方已经在这样做了，当然很好，如果对方没有开始做，或者做的不是你要的，你也可以通过述情来告诉对方你想要怎样的滋养。我会在后边专门介绍邀请对方来滋养自己的方法。

如果你的确是想要通过他人的帮助来强大自己的内心的话，目前为止，最科学和最高效的方案是找一个合适的咨询师来滋养你，帮助你成长内心。在你得到他的滋养之后，就可以持续地向你的爱人提供滋养了。

在寻找咨询师的帮助这件事情上，不少人对此是有误解或偏见的，觉得只有心理有问题的人才会做咨询，自己去接受咨询就好像说明自己有心理问题一样。实际上，就像我前面说的，人人都有心理创伤，每个人的人格之楼都可能缺砖少瓦，去寻求帮助是一种正视自己问题的做法。

我本人这些年先后接受过三位不同咨询师的咨询，现在仍在做的，是一位资深的咨询师的精神分析。每周一次，已经做了三年，并且还会再持续一段时间。作为一个咨询师，这也是我成长和学习路上必须要做的一件事情。

几年做下来，我觉得这是对我人生而言非常重要的一件事情，影响到了我的生活、工作、健康等方方面面。单拿精神状态来说，明显感觉我比原来精力要好不少，运动时感觉到身体比以前有力量，睡眠时间也减少了。在婚姻关系中，我也明显感觉我比以前更加能够承受和接纳我爱人的情绪了。

现在我感觉，即使我没有从事现在的工作，而要是知道咨询可以给我带来这么多好处的话，我还是非常愿意做这件事情的，并且早早就开始了。

这种成长性的咨询，有点像健身，后者是强大身体，前者是强大内心，两者都很重要。在当下人们对生活品质的追求越来越高的情况下，就像有越来越多的人拥有自己的健身教练一样，不久的将来，也会有越来越多的人拥有自己的心理咨询师。我们只不过比大多数人超前一些而已。不过，这也是一件投入极大的事情，需要付出不少的时间、费用等。

这样一来，你去滋养你的爱人，你的咨询师来滋养你，你对爱人的滋养更容易长久持续。

如此，你获得亲密关系上的长久幸福，也不再会是一件看运气的事情了，而是会变成一件比较有把握的事情。

就在昨天，我的一位来访者告诉我，之前跟她提离婚的丈夫现在对她的态度发生了不少改变，她应该是挽回了自己的爱情。而她之所以能够做到这一点，与她这两年在持续地接受咨询是分不开的。

不过，有一点是需要特别提醒的，对于亲密关系中的滋养而言，有一种情况是危险的，即恋爱时遇到一个不合适的人，原本不想跟这个人在一起，当想到可以通过滋养改善关系时，就决定跟这个人在一起了。这样的风险在于，当在一起之后万一滋养不了对方呢？或者怎么滋养对方也达不到自己的期待呢？那时候怎么办？

何况，任何人可以为别人提供的滋养都是有限的，而不是无限的，因为人的能力、精力都是有限的，不要觉得自己什么人都可以滋养，我们都不是神。尤其是有心理疾病或精神疾病的人，滋养对他们的帮助会非常有限，他们更需要的是专业的心理或医学治疗。

第五章
滋养的三个层次

在本书中，我会详细地阐述人们所需要的滋养都有哪些，以及如何做才可以滋养到自己的爱人，但你可能会觉得全部做到很困难。有这样的感觉和想法很正常，因为全部做到的确是一件非常困难的事情，毕竟我们每个人也有不少自己的需要、缺失和局限性。

不过，这实际上并不影响我们依然可以滋养对方，因为滋养并不是说只有全部做到才有效果，而是做到一点儿有一点儿的效果，甚至是即便什么都没有做，仅仅阅读完后边的内容后明白了对方内心有哪些需求和形成的原因，就有利于接纳真实的对方，这本身对对方就是有滋养性的。

从这个角度，可以把滋养分为三个层次：第一个层次是理解对方怎么了；第二个层次是把自己对对方的理解表达给对方；第三层是做一些事或刻意不做一些事，来满足对方内心发展的需要。

从第一层开始，越往上越难一些，但做不到第三个层次，只做到第一、第二层次，也是有效果的，可以说是做到一个层次就有一个层次的效果。

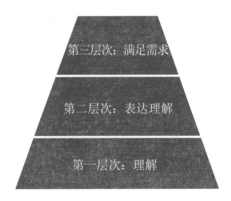

滋养的三个层次

第一个层次：理解

我会在本书中从人的心理发展的角度阐述发生在亲密关系中的人们身上的种种特点，以及其背后的心理需要是什么。

比如：

他计较你过节没给他买礼物，在乎的不是礼物本身，而是他在你心里是否重要。而这与他儿时是否感到在父母心里足够重要有关。

仅仅是理解到这一点，即便你还是忘了给他买节日礼物，也可能对你们的关系有帮助，对他有滋养作用。因为理解了对方的身上发生了什么，知道了他跟你计较的背后的深层原因，你就更加可能接纳和允许他的计较这个行为本身。这就有可能会减少你反驳他进而跟他争吵的次数。

再比如：

当你知道对方喜欢表现自己是因为儿时缺少被父母肯定和认可的体验，进而想要通过这种行为来弥补儿时的缺失后，虽然你可能还并没有开始肯定他，但你可能会更加可以理解和接纳他。毕竟他并不是天生就想要成为这样的人，他只是因为缺失而不自觉地在向外界要肯定和认可，他这样做是因为内心痛苦的原因。

也就是说，在明白了他的种种心理特点背后的原理是什么之后，你可能什么都没有做，就已经可以滋养到你的爱人了，因为明白是有可能促进你对他的理解和接纳的，而理解、接纳、允许本身就有很大的滋养作用。

这也是知识的力量。

也有可能，在你知道了对方种种特点背后的原理之后，还是做不到接纳，这并不意味着知识是无用的，最大的可能是你自己的创伤在影响着你，让你无法做到。

比如，假设你是因为儿时渴望被父母肯定和认可进而表现自己时，被父母批评和打击得很厉害，就可能会形成再也不敢表现自己的性格特点，同时也可能会特别讨厌那些爱表现自己的人。

想象一下这样的一个场景，儿童拿着自己画的歪歪扭扭的火柴人给父母看，他的眼神中充满了喜悦与渴望得到父母肯定的期待。但父母看到后都对他说："你画的这是什么玩意儿！"

如果这样的打击和挫败情景一再发生，儿童就可能会为了避免被再次打击和挫败不再表现自己的才能，而这会影响他发展自己的能力成为有能力的人，在内心他也是自卑的。

这也就是很多人一生都不再想要成长自己、发展自己的原因，他们与那些喜欢表现自己的人的特点刚好相反，因为他们一旦想要向前发展，潜意识里就会体验到当初被批评和打击的痛苦。

在本质上，他们内心深处也想要发展自己、表现自己，获得别人的肯定和认可，但因为儿时被创伤了的原因，他们的愿望被深深地压抑着。

所以，他们可能会特别反感那些喜欢表现自己的人，因为那些人的做法会唤起他们内心想要表现自己的渴望，以及随之而来的儿时表现自己时所遭遇的痛苦感受。

如果是这样的话，你可能明白了对方喜欢表现自己这个特点背后的原因，也就是拥有了这个部分的知识，还是无法接纳对方。这是你的创伤被对方唤起了，潜意识中的痛苦在影响你对对方的接纳。

你疗愈这个创伤，接纳对方这个特点就会变得容易了。

第二个层次：表达理解

在明白了对方身上的种种特点背后的原因之后，如果你能把他的这些需求表达出来，会让对方可以深刻地体验到你的理解，这也是共情的作用。在这个时候，你的某些做法本身可能还没有改变，但表达出你的理解，就已经是更深的滋养了。

假设还是忘了节日给对方买礼物的事情，如果你依然没买礼物，但你能这样对他说，就有滋养作用。

"我知道你在乎的不是礼物本身，而是我心里是否有你！"

如果你的理解和表达都是正确的，对方就会说是的，进而感觉到被你理解了。

所有你对对方的理解，都是可以这样表达的，这样的表达有时比做到满足对方还要有滋养作用。这就像心理咨询，心理咨询师知道了来访者的某个需要之后，通常并不会满足，而是把对来访者的理解表达出来。一次又一次之后，疗愈就发生了。

这样的疗愈，当然也可以发生在亲密关系中，只要我们可以明白自己的爱人身上发生了什么并表达出来就可以。

或者说，这样的表达，本身就满足了一个非常重要的需要，即被深深地理解。

不过，当我们表达理解时，也是要照顾对方感受的，如果只是把自己所了解的心理学知识生硬地往对方身上去套，往往就不是理解了。

比如对对方说："你之所以这么在意我有没有及时接你电话，是因为你小时父母不够重视你导致的！"

这就不是对对方的共情了，而是炫耀自己的知识，对方往往感觉是非常不好的。

我们要做的，是表达出对方的感受，也就是共情，而不是说出你掌握的心理学理论。

同时，这样的表达，也会促进对方对自己的理解。而理解自己，正是精神分析所追求的目标：潜意识意识化，即意识到那些自己并没有意识到的心理内容。

人的很多行为都是被潜意识驱使，但人们并不自知，当人们意识到潜意识里的内容时，成长就可能会发生，行为上就可能会改变。

第三个层次：满足需要

亲密关系中，我们其实是有很多机会满足自己爱人一些需要的，如果你愿意，也做得到的，直接满足对方的心理需要，对对方往往有着疗愈般的滋养效果。

知道了对方把节日你送不送礼物给他等同于他在你心里重要不重要，如果可以的话，就把这件事情记到自己手机的日历中，年年都提前给他准备礼物，就是在通过行为来满足他的心理需要。

或者别的会被他理解为在你心里重不重要的事情，都可以多做些，比如他出差了你关心一下吃饭、穿衣，出差回来去机场、车站接一下等，他就会越来越感受到在你心里是重要的，进而他的这个需要就可能会慢慢被满足。

这样的满足，有时也不是很困难，只是看你愿不愿意做。

可能困难的是，每件事都满足对方。但实际上，你并不需要这么做，也不能这么做，因为你真的事事都按对方的需要来做了，就让对方无法成长了，真正的成长，一定是在满足与不满足间发生的。

满足的，带给对方被滋养的体验，不满足的，带给对方成长的机会，有时也是滋养。

所谓成长的机会，指的是在没有被满足的时候，他要依靠自己来承受需要没有被满足的痛苦，如果这个感觉是可以承受的，成长就发生了。

拿小孩来举例子，大人一直把孩子当婴儿养的话，孩子永远不可能长大，孩子会长大，是要依靠大人一些时候满足他，一些时候不满足他的。基本的原则是他自己能承受的，大人不用满足他，他自己不能承受的，大人就要满足他。

而孩子能承受不能承受，是要看孩子的情绪状态和内心感受的。比如孩子撕心裂肺地哭，肯定是不能承受的。孩子没事人似的，肯定是可以承受的。

对于成人也是一样，你没满足他，他就很生气、耍脾气的，往往是他觉得不能承受；你没满足他，他很平静，或只是有小小的不满，那就说明可以承受。

并且，如果你可以理解他不被满足时的痛苦，接受他不被满足时的愤怒，他就更能够承受不被满足时的痛苦。

所以，如果有些时候我们做不到满足对方的需要，而对方为此生气、难过时，我们有个接纳、关爱、理解的态度，也一样是有滋养作用的。因为这可以让对方更接受作为人活在这个世界上本身就不是所有的需要都会被满足的，生活中就是会有些事情不尽如人意。

　　而如果此时，你批评、指责对方需要不被满足就起情绪是脆弱的、是不应该的，则对对方没有任何滋养作用，反而还可能伤害到对方。

063

第六章
告诉对方如何滋养你

前面，我们基本上都是就如何滋养对方在讲，也许有人会问"怎么都是让我滋养他，怎么不让他滋养我，我也想要被滋养"。

渴望被滋养，是每个人进入亲密关系时内心本身就有的需要，我们都是人，也当然都有这样的需要。

但就像我在前面讲过的一样，如果不去滋养对方，先直接就要求对方滋养自己的话，很容易就又回到原来的老路上去，也就是相互都要求对方改变。多少人的痛苦经历已经证明了，改变对方这条路是走不通的。

所以，想要经营好亲密关系，第一步最好是先滋养对方，然后对方得到滋养后肯定会更珍惜你们的关系，这个时候他可能会主动来滋养你。如果他没有主动，或者你没有感到他在滋养你，你也是可以邀请对方来滋养你自己的。

通常来讲，在亲密关系中，只要对方不是完全活在一元关系中的人，往往也希望可以做到一些能够满足你的事情。只是有时候他并不一定知道你需要什么以及具体的方法，毕竟很多人的原生家庭中都缺少榜样来学习。

如果你可以告诉对方一些事情对于你的意义，以及如何做是可以滋养到你的具体方法，他就可能更愿意做了。

这一点在我跟我爱人之间，我深有感触。

在我儿时生病后，母亲常喜欢把饭端到床头来让我吃，我感觉到非常温暖。

结婚后，我爱人一开始没有这样的习惯，如果我生病了躺在床上休息，她会做好饭叫我起床到餐厅吃饭，我感觉到和儿时那种温暖的感受很不一样。生病本身就可能会让人的心理退行到孩子时期，更何况我喜欢儿时的感觉，就更渴望爱人可以像我母亲做的一样，把饭端到床头来。

于是，在一次感冒后卧床休息时我把这个需要说给了爱人，之后一旦遇到我身体不舒服需要卧床休息时，她就会把饭端到床头来，让我感觉特别温暖和幸福。

在那一刻，我是被滋养到了的，但这样的滋养是我邀请的结果，与我的表达有关。

类似的事情还有不少，我有一阵睡觉的时候，脑子里会一直思考着一些白天想的事情，比如课程的某个环节如何设计，某篇文章如何修改，某个来访者以后咨询时要注意什么，难以入眠。我意识到是脑子里的这些思考在不断进行影响了我放松自己，如果我可以把注意力放在身体的感受上而切断脑子里的思考，就会容易放松下来。

于是我请我爱人像哄婴儿睡觉一样有节奏地拍着我，结果我往往很快就会睡着，也让我感觉到是被爱的。通过观察我也发现，这样的索取方式并不会让她不高兴，她反而很愿意配合。

这样的邀请对方来滋养自己，也是在发生了矛盾之后修复关系时可以做的事情。在彼此都平静下来后，告诉对方你的伤口在哪里，让对方不要触碰，也告诉对方你的缺失和需要是什么，让对方知道如何来关爱你。

这样，既可能避免了同样的矛盾反复发生，也有可能把滋养变成了相互的，而不是你一个人在一直努力。

通过述情告诉对方自己的需要

邀请对方来滋养自己，这是我们在亲密关系中经常做的事情，本书中我会介绍一系列通过滋养对方来经营关系的原理和方法。这些原理和方法，都是你滋养对方时可以参考的，也同样是你邀请对方滋养你时可以参考的。所有你感觉到是自己内心的心理需要的，对你有滋养作用的，都可以邀请对方来滋养你。

不过，这也需要你对自己有着觉察和了解，因为随着你对自己的了解越多，你也就越可能知道自己的需要是什么，越能给对方滋养你指明道路。

比如：

如果你与爱人刚刚因为他不愿意去机场接你而吵过架，而你觉察到这与内心渴望被重视的需要有关系，是儿时缺失的结果，在修复关系之后，你就可以做出这样的邀请：

"亲爱的，我很希望我在你心里是最重要的，这是我的一个很关键的需要，可能跟儿时没有被很好地满足有关。如果可以的话，我很希望以后的一段时间里你可以把我放在最重要的位置。我有什么需要、喜欢什么不喜欢什么，你都放在心上，我会感觉到被爱、幸福。

"也许等我的这个需要被满足了，我可能就没有这么介意这一点了，所以从现在开始，可以先迁就我一段时间吗？"

这样的表达，没有指责和批评，只是告诉对方自己的需要和缺失，请对方来滋养自己，是充满着真诚和信任的，也是述情在邀请对方滋养自己过程中的具体运用。相比那些直接指责对方心里就是没有自己的话语，感觉很不一样。

我们可以感受一下：

"你心里就是没有我！你的工作，你的爱好，你的朋友，你的亲戚，连家里的狗，都比我重要，就我最不重要！"

"从今往后，你再也不用接我了！"

这样的话，往往是气话，充满了对对方的指责和批评，发泄心中的不满和表达内心的失望。但往往带给对方的也是痛苦和无助，因为对方可能会觉得他已经很努力了，或者他已经很累了，你还不满足，他可能会有挫败感。

这些话，仔细品的话，有一个基本的感觉在里边：你应该把我放在重要位置，你做到了，是你应该做到的，你没有做到，是你的错。

而前面的说法则不一样，前面说法的感受是这样的：我需要你把我放在重要的位置，这是我的缺失和需要，并不是你应该做的。如果你做到了，我很幸福，也很感谢。如果你做不到，我会感到痛苦，我想让你帮帮我。

一种是指责对方，一种是通过述情表达自己的需要。

如果你对上一本书的内容很熟悉，我想这时你已经发现了，这里我们所说的内容其实正是述情中的魔力句型 ①——"可以……"

通过述情表达自己，是亲密关系中最为重要的事情之一，很多问题的解决，都需要借此来完成。想到达到彼此滋养的目的，当然也不例外。

告诉对方如何规避自己的痛苦

想要做到邀请对方来滋养自己，最好先对自己缺失的形成原因有一定的了解。这个部分，可以借助你对心理学知识的了解来发现，本书的后边，我会有专门的篇章来叙述人的心理发展与内心缺失之间的关系，你可以有所借鉴。

除此之外，还有一个方法也可以帮助到你了解自己。

这是一个完全靠感性的方法，使用的时候你千万不要动用理性，而是任由你的感觉去自由联想，看看自己会联想到什么，否则，你可能找不到答案，也可能找到的答案是与现

---

① 上一本书中述情部分的其中一个句型，因为当你使用这样的句型去跟对方提出需求时，对方满足你的概率变得更大，所以称为魔力句型，意思是就像这个句型有魔力似的。

在的事情关系不大的。

这个方法是这样的，发生了一件事情，如果唤起了你的痛苦情绪，你可以就这个痛苦情绪去做自由联想，看看过往有什么时候发生过的事情给你带来了类似的感觉。想到的那些让你印象深刻的，尤其儿时发生的一些事情，往往与你今天的痛苦有关系。把你通过联想回忆起来的经历讲给你的爱人听，就有可能会促进他对你的理解和感同身受。

比如，我有一位男学员，有一次晚饭时他挑剔老婆做的饭不好吃，同样上班辛苦了一天的老婆这时一生气，把他的饭碗收了说："不好吃就别吃了！"他感觉到很生气，心里也很痛苦。当他觉察自己内心的感受是什么时，眼泪不自觉地流下了。

后来他联想到，儿时他挑剔饭不好吃时，他父母有时就会用同样的方式对待他，一边收了他饭碗，一边训斥他说"不想吃就别吃了"。

当他在情绪平复后，把想到的这些儿时经历告诉了老婆，他老婆就再也没有这样对待过他。

不过，这样的邀请，不是邀请对方来弥补自己的缺失，而是邀请对方来规避自己的痛苦。

明白了邀请对方来滋养自己的方法后，对于有些人可能还会有个困难，就是表达自己的渴望、需要、脆弱会让一些人感到不好意思，甚至羞耻，为了不去感受这些感觉，他们就可能不袒露自己的内心。这样的话，他们的爱人想要了解他们的需要是什么就会相对困难些。

如果你也跟他们一样，表达需求、渴望、脆弱时内心也有不好意思或者羞耻感的话，你可以问问自己真的表达出来的话，虽然会不好意思，但这种不好意思可以承受吗？可以承受的话，就可以试着表达一些。因为表达本身不但可能会获得滋养，还有可能帮助你消除掉这些不好意思和羞耻感。

这样一来，你通过对爱人的觉察和了解来滋养爱人，再把自己的需要告诉爱人让他也来滋养你，你们之间的滋养就变成了相互的了。

虽然你们可能一开始都做不到那么多，但后边的生活中，能够做到一点，就会多滋养彼此一点，幸福也会多一点。

而滋养，也正是需要这样一点点来的，连续不断。

对于被滋养的一方来讲，感受到的就是深深地被爱，连续不断。

感谢对方的滋养

在感受到被滋养之后，你还可以通过我在上一本书中介绍的影响的方法，向对方表达感谢，来强化对方滋养你的

动力。

比如，如果你邀请对方把你放在心上一段时间，之后你看到对方真的这么做了，就可以对对方说："我看到你最近很把我放在心上，很多事情都想着我，我感觉很幸福，谢谢，有你真好！"

再比如，如果你感觉自己渴望更多的肯定和认可，然后邀请了对方多给予你肯定和认可，而对方真的这么做了之后，你可以对他说："我上次请你多给我一些肯定和认可，我最近感觉到你真的用心在做，我感觉很好，谢谢你！"

一方面，听到这样的话以后，对方就可能更愿意继续把你放在心上或给予你更多的肯定和认可，另一方面，这对于他也是一种肯定和认可，这又变成了你对他的滋养。

如此一来，在你们之间，滋养也就变成了相互的，并不断在良性循环。而这样的亲密关系，不就是我们大家人人都想要的吗？

第二部分

～～～～～～～～

做好自己，滋养

自然就会发生

～～～～～～～～

当我们使用滋养这个概念的时候，看起来好像我们要刻意做些事情去影响到对方，帮助对方成长。实际上，即便不使用滋养这个概念，当一个人在亲密关系里懂得尊重对方、理解对方，并愿意为对方付出关心和爱护，同时也不失去自己的时候，和我们这里在说的去滋养对方要做的事情没有区别。

　　所导致的结果也没有区别，都是对方会在这个过程之中成长，变得更加强大、幸福。

　　因为尊重、理解、关爱等本身就是具有滋养性的，也是每个想要经营好亲密关系和滋养对方的人需要做的事情。

　　所以，滋养，从这个角度看，并不仅仅是为了对方，也是做好自己。当我们做好了自己，跟我们一起生活的人自然就会得到滋养。

就像太阳，它只是做它自己，万物自然被普照，然后生长。在亲密关系里，当我们像太阳一样，只是做自己就可以滋养到对方时，滋养就变得一点儿也不累了，你甚至觉得你没有刻意做了什么。

反之，如果我们自己内在比较匮乏，滋养对方就会感觉到累和困难，但真是这样的话，即便不考虑滋养对方，我们也要成长自己，因为匮乏的内心会导致我们的人生中存在很多问题，影响到自己的事业、生活、健康、情感、亲子关系、人际关系等方方面面。

如果用一句话来形容，就是不太容易感受到幸福。

等自己成长好了，自己也会变得幸福，滋养也会变得容易，甚至是自然而然的事情。

我个人觉得理解到这一层还是很重要的，不然如果我们心里觉得所做的一切都是为了对方，就很容易觉得自己是为对方付出了很多的，之后如果没有得到相应的回报，就可能会有怨恨或委屈。

真是这样的话，所有为了滋养对方所做的事情，都在同时埋下了一份不满。这些不满积累的多了，早晚也会想要寻求出口，比如抱怨或攻击对方，原本起到一些作用的滋养，作用可能又会被消灭掉。

而如果你只是在做自己，意味着你就是这样的人，无论谁跟你在一起，你都会这么做，都会尊重、理解、关爱、认可对方，但并不失去自己。你心里可能会更加平衡以及愿意持续地做下去。

从这个角度看，如果你本来就是这样的人，滋养就是做自己。如果你目前还不是这样的人，滋养就是做更好的自己。

那么，既然滋养对方就是做好自己，为什么我要使用滋养的概念而不是做自己的概念呢？

这是因为滋养的概念所讲的是二人互动的关系，看到的是整个亲密关系的经营过程，有利于我们知道我们自己做了什么之后会对对方造成什么样的影响，这样就更全面、更宏观了。

而做自己的概念里只有自己，并不涉及会对对方造成什么影响，不利于理解亲密关系中的互动过程。

所以，在接下来的内容中我依然会从滋养的角度展开讲述如何滋养对方，但你心里明白这其实就是做自己或做更好的自己就可以了。

不过，在讲滋养之前，还是先让我们看看在亲密关系里通过做自己进而滋养到对方的人是什么样的：

他们尊重爱人做他自己；

他们不因爱人的成败起伏而减少对他的爱；

在爱人需要时，他们在那一时期把爱人放在第一位；

在爱人痛苦时，他们会进入到爱人的痛苦中与爱人一起
去面对；

他们能看到爱人在关系里的价值；

他们能看到爱人独特的品质；

他们会向爱人承认自己是不完美的；

他们会向爱人袒露自己内心的痛苦及脆弱；

他们会坚持一些事情，但态度温和；

等等。

第七章

如何应对对方的挑剔

大约七八年前，一位外地来北京上课的大姐告诉我，她有一个烦恼了很多年都解决不了的事情。

她有一个特别爱挑剔的婆婆，经常挑剔她。

她洗完的碗碟，婆婆有时会拿到阳光下面照着找污渍，找到了就说她洗得不干净。她扫地的时候，婆婆有时会跟在她后边找头发丝，找到了就捡起来拿给她看，让她知道她确实没扫干净。

这位大姐结婚二十多年，一直跟婆婆一起居住，她就这样承受了二十多年婆婆的挑剔。除此之外，她的家庭还是很幸福的，跟丈夫和孩子的关系都还不错，唯独这个问题她一直不知道怎么办。

当她在课堂上提出这个问题时，我给她说了个办法，让她回去试试看。

几个月后，她给我发邮件说，她的问题基本解决了，婆婆很少再像以前那样在她扫地时跟在她后边找头发丝了。

我跟她说的方法，就是我下面要介绍的一个重要的滋养别人的方法：承认自己不完美。我告诉她说，当婆婆再挑剔她时，试着跟婆婆承认自己就是没做好，看看会怎样。

比如，婆婆再拿着头发丝来时，对婆婆说："妈！您看我笨的，您都说了我那么多遍了，我还是扫不干净。不像您，干什么都那么干净利索。"

这时，如果婆婆说："既然知道地没扫干净，怎么不注意点呢？"

可以说："是啊，这就是我笨的地方，怎么注意都扫不干净，做不到像您那样，您说我这个人是不是很笨？"

挑剔、指责、否定，在各种人际关系中都很常见，亲密关系中更是家常便饭，也常常让人很难受。有的人在被挑剔、指责、否定时会这样反驳。

"我干得怎么不好了，你干得好你干！"

"说我没本事，谁有本事找谁去啊！"

"我不就忘个钥匙吗？好像你没忘过似的！"

"说我饭做得不好？你是没见过做得不好的！"

等等。

这样的反驳或反击，常常也是亲密关系中争吵和冲突的开始，让亲密关系中经常充满火药味。

并且有时候越是这样反驳、反击，对方以后越是变本加厉地对你挑剔、指责、否定。因为在对方看来，他原来所做的力度不够，以后只要找到机会，他就会想证明给你看：你就是他原来说的那样糟糕。

又或者因为不想再争吵，对方可能不再挑剔、指责、否定了，但不满也憋在心里了，并未真正消失。

反驳、还击、隐忍都不是真正能解决问题的办法，能够彻底解决这个问题，让对方不再挑剔、指责、否定的办法，是承认自己不完美。

比如：

有人对你说："看你胖的！"

你如果说："我怎么胖了？我哪儿胖了？"

对方就可能说："你还不胖啊！你看你的双下巴，肚子上的游泳圈！你都多少斤了！"

因为你的反驳，对方马上去找个秤让你上去称一下，也不是没有可能。

但如果你直接承认自己不完美，剧情马上就变成这样了：

"看你胖的！"

"是啊，我的确是太胖了！"

"哎！不过，胖也有胖的好处……"

对方很快就无话可说了。

再比如：

"这个菜炒的时间太长了吧，都有点煳了！"

"煳了吗，那是酱油吧！"

"怎么会是酱油，你闻闻！你闻闻！是不是有点焦味儿？"

如果你承认自己不完美：

"这个菜炒的时间太长了吧，都有点煳了！"

"哦，煳了，可能是时间太长了！还能吃吗？"

"能吃，煳的挑出来就行了！"

根据我的经验，当你承认自己不完美时，一般来说对方的态度马上就会有所转变，由挑剔变为接纳。

我刚结婚的时候，有一次听一位企业培训的老师讲到他跟老婆相处的秘诀，他说就是一句话："对不起，我错了！"

我随即在跟我爱人关系里尝试，她指责我的时候，我就说"对不起，我错了"时，发现马上就可以终结她的指责，效果立竿见影。

这位老师所分享的方法，实际就是我们现在说的承认自己不完美，只是那时的我还没有认识到现在的深度。

当然，在你承认自己不完美之后，也有一些人会继续说："既然知道你做得不好，为什么不改呢？"

你可以继续承认自己的不完美："你说得是啊！你说我这个人，明明记得你提醒过很多遍，偏偏我就是做不到，也不知道我是怎么回事！让你很失望吧？"

在承认自己不完美的同时，最后一句又是给予对方的共情和理解。

这个时候，根据我的经验，对方基本上就不会再继续追着挑剔你了。

为什么有的人爱挑剔别人？

上面我介绍的方法，看起来是个对付那些喜欢挑剔、指责、否定别人的人的不错的方法，可以快速终结对方的不满和挑剔。但实际上，这个方法的作用要比这大得多，因为这是一个滋养对方的方法。

长时间在对方面前承认自己的不完美，可以帮助对方接纳别人及他自己，让他变得更加包容和自信。

喜欢挑剔、指责、否定别人的人，如果你仔细品味他们的话，就会有这样一种感觉：他们心中有一个指向别人的非常高的标准，觉得别人没有达到时，他们希望通过挑剔、指责、否定，可以改变别人，让别人达到他们的标准。

而这样的特点，会让他们看谁都不够好，看谁都不顺眼，也会导致他们可能跟谁都处不好关系。

他们不知道出问题的不是别人，是他们自己心中对别人的期待太高了，没有人可以达到。

这样的人，他们的高标准通常也会指向自己，这导致他们要么很要强，整天疲于奔命，希望可以达到自己内心期待的样子；要么陷入绝望，觉得自己永远都达不到内心期待的样子。

之所以会这样，可能是因为他们在儿时有需要时不能得到满足，也可能经常被入侵，这都会让他们感觉到内心是弱小无助的，之后的成长中他们还可能一直被挑剔、指责、否定，一直感受不到自己存在的价值。

这些感觉很难受，于是他们会过于期待自己是强大的、有价值的，来防御内心的痛苦。这种期待就像饿了很久的人去饭店点菜，可能会点很多菜，甚至几倍于自己实际可以吃下的量。所以，饿太久了的人是最可能被撑死的。

也就是说，这种因为内心有太多弱小无助和无价值感而导致的期待，所认为自己必须要达到的样子一定是脱离实际的，比实际人们所能达到的样子要高出很多的。

这就是心理学所说的理想化的防御机制，指向自己时会挑剔自己，并变成自恋的人，指向别人时会挑剔别人，并容易理想化刚认识的人，在不少人身上，会同时指向自己和别人。

有这种理想化防御机制的人，找对象时一定会比较挑剔，只有他们觉得找到了理想化的人，也就是完美的人，才会进入亲密关系。

但我们都知道，没有人是完美的，所以，进入亲密关系之后，他们很快会失望，这个时候，有的人会放弃，有的人会挑剔、指责、否定。

很多人的内心都有一定程度的弱小无助感，所以，这种理想化的防御机制在很多人身上都有。这也就是为什么很多人都喜欢挑剔、指责、否定别人的原因。

帮助对方接纳真实的你

面对这样的人，滋养他们的思路就是要把他们的理想化降下来，让他们心中过高的期待落地，让他们意识到人没有那么理想和完美也是可以的。

而帮助他们把理想化降下来的方法之一就是承认我们自

己不完美。

这种承认仿佛是在告诉对方：

"是的，我的确像你感受到的那样不完美，我知道你失望了！但是，你看，我不完美，也活得好好的，不也挺幸福的吗？不完美也没什么大不了的。"

在亲密关系中，随着你的这种承认不完美的次数增多，对方慢慢就会意识到不完美也没什么，不完美也是可以幸福的，他内心的理想化的期待就会松动、下降，直至回归到一个相对正常的水平。

这时，别人及他自己自然就离他期待的样子差别不大了，他也就不再那么需要挑剔、指责、否定别人和自己了。

如果真做到了这一步，你的滋养，也就真正地帮助到了他，让他内心那个弱小无助、无价值感的自己，变得强大、自信。

不过，承认自己不完美不是每个人都能做到的，有人会说："我明明没错为什么要承认是我的错呢？"

需要重点强调的是，当我们承认不完美时，并不是说我们做错了，而是我们跟对方心中那个理想的标准比起来，的确是没有达到。承认本身其实也是对对方的一种共情，因为这正是对方内心的声音：

"你离我心中想要的那个样子有差距。"

这同时也是向对方表达理解时可以说的一句话。

在这个过程中，承认自己不完美的人，只是拥有了一个类似我们常说的谦卑的品质，但自然而然地就滋养到了跟他在一起的人。无论是谁，爱人、孩子、朋友、同事等，只要跟这样的人接触得多，多多少少都会被滋养到。

当然，爱人和孩子是接触最多的人，所以，一般来说他们是被滋养到最多的人。

什么样的人容易被挑剔？

在承认自己不完美上，谁更容易做到，谁更不容易做到呢？

应该是接纳自己不完美的人更容易做到，不能接纳自己不够好的人做起来很困难，因为他们与挑剔他们的人是一样的，同样存在对自己的理想化。

让他们承认自己不完美，是让他们从理想化上主动降下来，马上就会触碰到他们内心的弱小无助感或无价值感，这是曾经让他们很痛苦的感受，他们不想再次体验，所以，承认自己不完美也就变得困难。

他们内在的声音是：袒露我的脆弱，这会让我很痛苦，我不愿意。

不过，如果他们愿意试着承认自己不完美，和自己内心的弱小无助感或无价值感来一个轻轻的接触，也许会发现那些感觉是不好受，但可能还是可以承受的。

如果是可以承受的，经过一次这样的承受过程，自己就获得了一次突破，经过长期的承受，可能就会变得对这些感受彻底无感，那以后，自己也会变得更加包容和自信了。

我在课上讲到这个方法时，也常遇到有学员说，从来就不会说这样的话。

他们不是不会，而是不愿意，因为说自己不完美会触碰到他们内心的痛苦，这是他们害怕的。而也恰恰是因为他们害怕说出这样的话，所以，他们是容易被挑剔的人，因为可以承认自己不完美的人，别人是不太去挑剔他们的。

这就形成了一个"怕什么有什么"的局面，越是害怕被挑剔的人，越是容易被挑剔。

在课堂上，如果发现有人说不出这样的话，我有时会现场引导他们在课上练习着这样说话，开始时他们会感觉不舒服，但往往很快就能正常地说出来了。

这样的话，通过这个承认自己不完美的过程，不但滋养了别人，还可以滋养自己。

现在，如果你愿意，你也可以做一下这个练习：

分别回忆一下别人曾经指责、否定过你什么，然后在心里对他们说："是的，我就是……"

但是如果感觉内心无法承受，就不要做这个练习了。

例如：

1．父亲曾经指责、否定过你什么？

_____

_____

在心里对父亲说：

是的，我就是 _____

_____

2．母亲曾经指责、否定过你什么？

_____

_____

在心里对母亲说：

是的，我就是 _____

_____

3．以前或现在的爱人曾经指责、否定过你什么？

_____

_____

在心里对以前或现在的爱人说：

是的，我就是 _____

_____

4．领导曾经指责、否定过你什么？

_____

_____

在心里对领导说：

是的，我就是 _____

_____

如果可以，你也可以随后在生活、工作中使用这个方法。你也许会发现，这个方法会有立竿见影的效果，会对你的生活、工作都带来积极的影响。

第八章
如何帮助对方弥补内心缺失

任何一个人内心都有缺失，而任何一个人内心的缺失，对应的一定是这个人的父母在合适的时间没做合适的事，可能是有需要的时候没给予满足造成了缺失，也可能是没有需要的时候硬要满足导致的入侵。

比如：

上小学时一门成绩考了100分，很骄傲地拿给父母看希望得到认可，但父母看完却说："又不是门门都考了100分！"

看到孩子考了100分后高兴的样子，不懂得肯定、认可一下孩子，反而还泼冷水的父母，一般来说不会只是这一次这样做了，而是很有可能经常批评指责孩子，给予孩子的肯定、认可非常少。

这可能是做父母的内心有太多弱小无助，对孩子有着严重的理想化期待的结果，也可能是夸奖和认可别人会让他们感觉到自己不够好，无法接受自己不够好的人，通常难以由衷地赞美别人。不过，在意识上，他们一般是怕一旦夸奖了孩子后孩子变得骄傲，所以不夸。

总之，长期这样做会导致孩子心理上的缺失，让孩子觉得自己无论如何都得不到父母的认可。长大后可能会过于要强，总想证明自己，极度渴望得到别人的认可；也可能会过于自卑，觉得自己什么都干不成，遇到事情总是往后退缩。

如果你的爱人有这样的经历，而你现在想要给予他一些滋养的话，你要做的最重要的事就是要和他父母以前给他带来伤害时的做法不一样。

父母以批评、指责为主，基本不肯定、不认可。你则要多给予肯定和认可，不再指责、批评。这样他内心渴望得到认可的需求才会慢慢得到满足，进而会慢慢地放松自己，想要证明自己，得到别人认可的动力就会减少，由自卑变得自信。

再比如：儿时有能力自己穿衣、收拾书包了，但父母还在替他做。成长过程中除了学习，家里的事父母基本都不让他做，很多事情也都是父母替他拿主意。

这样的父母可能是太想证明自己有能力了，什么事情都替孩子做了，结果就是剥夺了孩子锻炼、成长和建立自信、自主性的机会，导致孩子长大后可能会能力不足、有依赖性等。

一般来说，如果一个人有这些特点，那么他在择偶的时候，容易喜欢的人恰恰就是跟他父母一样的，什么事都愿意替他做的人。因为他很可能感觉自己是弱小的，没有能力的，只有找到事事都愿意替他做的人，他觉得才能过上正常的生活。

但实际上，如果他的爱人继续像他的父母一样什么事情都一直替他做的话，他就永远没有机会成长了。

所以，如果你的爱人是什么事都喜欢让你替他做主、替他代劳的人，你想要滋养他的话，你要做的就是改一改你什么事情都替他做主的习惯，逐渐地放手，慢慢让他自己做主，也让他自己动手去做一些属于他自己的事情。

上面举的两个例子，道理都非常简单，基本上我们都知道，做起来也不难操作，难的是我们对此是否有所意识。

了解对方内心缺失的方法

怎么才能够知道你爱人的父母少做了什么呢？要看你爱

人的内心缺失了什么。

那又怎么看他内心缺失了什么？看他问你要什么。

而他问你要什么，通常都在跟你互动的过程中表达出来了，最常见的是吵架，比如当你的爱人对你说："你心里就是没有我，你这个自私鬼！"

他要的一目了然，希望在你心里重要。

他缺失的也一目了然了，缺失在父母心里自己是最重要的体验。

他父母少做了什么也清清楚楚了，就是把他放在第一位，而不是工作、爱好或其他什么人。

我有一个学员，经常会说她在老公心里不重要，她在 1 岁左右时，妈妈外出学习了几个礼拜，把她放在了外公外婆家里。

在那时，妈妈的学习比她重要，所以，老公要滋养她的话，是要拿出一段时间让她感觉到她比什么都重要。量变发生质变，当这种时刻够久，她内心就会形成体验：我是重要的。随着这种体验的形成，她对这一点的介意程度也会慢慢降低。

不只是吵架，生活中的很多现象，都是人们在表达需要，只是我们是否具有一双可以看透心灵的眼睛，是否有一颗可以感知到对方内心需要的心，有的话，懂得对方的需要并不难。

在后边的章节，我会专门介绍一些人们在关系里常常会发出的信号及信号背后的意义。了解这些信号之后，更容易读懂别人的内心。

不重复他父母对他的伤害

这样一来，在爱人那边，他可能只是一次不满或发火，你如果可以读懂他的需要，再结合你对他的了解，知道他有着怎样的父母，大概儿时经历了什么，你其实就可以大概知道对于他而言，想要滋养他的话，什么是你需要做的，什么是你尽量不要做的。

你需要做的，就是他曾经缺失的；你尽量不要做的，就是当年曾经伤害他的。

这其中，除了你们之间发生的事情，你所了解到的他儿时的经历，特别是那些痛苦、不开心的经历，也都成了你理解他的材料。他跟他父母的关系，他对父母的感觉，也同样是你理解他的重要线索。特别是你跟他父母相处时你内心的感受，也常常是他内心的感受。

如果你仅仅是相处了很短的时间就感到不舒服的话，可以想象他从小就跟他父母在一起，他承受了多少。

我有一个来访者，有一次我见到过他的母亲，我跟他母亲说了几句话之后，有一种像是在跟一个金属做的人在说话的感觉：冰冷、坚硬。

我把这个感觉说给来访者，他说是的，这就是他一直以来内心对他母亲的感觉。而他长期感觉到内心像冰窖一样冷。

亲密关系中，只要你们一直在一起生活，你其实一直有机会了解他，除非你们现在正在考虑分开，否则你有的是时间和机会。每一次的争吵、冲突包括闹分手等，都是了解的机会。之后，知道了他的经历和需要，你要做的就是跟他曾经受到伤害时他父母的做法有所不同。

比如：

父母忽视他，你重视他；

父母剥夺他，你给予他；

父母贬低他，你尊重他；

父母打骂他，你保护他；

父母觉得他没价值，你发现他的价值；

父母不给他机会锻炼和成长，你给机会；

父母只管他的吃穿，不照顾他的感受，你照顾他的感受；

父母任他随心所欲，你要让他知道自己的幸福不能建立在别人的痛苦之上；

等等。

也就是说，既然你知道了他的经历，受过什么伤，你要做的不是指出他的问题，不是批评他，也不是批评他的父母，因为这些对他而言都是没有滋养作用的，反而会加深他的伤痛。而是悄悄地让他曾经没有得到的满足得到，或悄悄地撤掉那些你替他做得过多的事情。

只有这样，你才能真正地滋养到对方，让对方内心那些没有被满足的需要被满足，没有发展出来的能力和力量感发展出来，没有建立起来的边界建立起来。

你的爱，也会注入他的内心，让他的人格之楼更加完整、结实。

[第九章]
如何改变对方的内在关系模式

讲一个我遛狗时发生的事情。

多年前的一个夜晚，我半夜躺到床上后意识到忘了遛狗，就出门去遛。

小区过道边上停满了汽车，深夜院里没什么人，我没有给狗拴狗绳，它就在汽车中间钻来钻去地乱闻一通。

我看不到它时，就轻轻地吹声口哨，它就会依依不舍地边闻边跑过来。

当我走到南边的一栋楼旁时，我感觉它停在我身后十几米外的两辆汽车间了，我并没有回头，习惯性地又吹了声口哨。

刚吹完，就听到身后传来一个年轻女人非常气愤的吼声：

"你找死啊！"

我这才意识到，就在刚才，碰巧有两个半夜回家的女孩儿从我右边迎头走过，在她们走到我们家狗狗所处的位置前后时，我吹了一声口哨。

我很快意识到她误会我了，但因为我处于比较困的脑子不太转的状态，就实事求是地说了一句："哦，你误会了，我不是吹你呢！我吹狗呢！"

这个时候，我们家的狗也刚好从汽车间的黑影中钻了出来。

"你最好是吹狗呢！"

虽然我最后那句话仓促间解释得实在是太不合适了，但她当时可能也是意识到误会了我，吼完这句话之后就跟同伴一起走了。这时，我看到她走路似乎有点不太稳，好像是喝了些酒的样子。

她们走后，我发现我心里很平静，没有气愤，也没有委屈。这时我意识到在我听到她的第一声吼之后，我就有了一个基本的判断：她吼的不是我，而是"她以为的我"。

那个女孩儿，我在冲着我们家狗吹口哨，她明显是没有看见狗的，把我想象成了那种会冲着小姑娘吹口哨的坏大叔。

　　我知道她是在吼"她想象出来的那个坏大叔"，而不是我，我自然也就没有情绪了。

　　随着狗从车下钻出来，她可能也很快意识到了我不是她想象中的那种人。

　　但是，如果那一刻，我真的认为她吼的就是我，我可能会生气，进而跟她争论或发生冲突，这样一来，我也没机会让她意识到我不是她想象的那种人了，我在她心里也许真的就变成了"坏大叔"了。

　　真是这样的话，我就有可能帮助她完成了心理学里一个极其重要的概念——投射性认同所描述的过程。

　　而这个"投射性认同"的过程是我们在各种人际关系里都非常需要注意的，因为如果我们可以识别对方的一些投射性认同，就可以避免关系里的很多麻烦，而在亲密关系里还会对对方有非常大的滋养作用，这也是经营亲密关系过程中非常重要的一点。

　　也可以说，一个人在亲密关系里是否可以滋养到对方，跟他是否可以识别并躲开对方的某些投射性认同有很大的关系。

　　投射性认同的概念，是由奥地利精神分析家克莱因提出的，大意是说一个人会在与别人互动的过程中在潜意识里操控别人，让别人以他潜意识里设定的方式来对待他。如果别人真的以他潜意识里设定的方式对待了他，就帮他完成了一个投射性认同的过程。

并且，因为这个过程是在两人的潜意识里进行的，两人完成了这个过程后可能都不知道自己干了什么。

亲密关系是人们能够建立的最深度的关系，也是最容易发生投射性认同的关系。我们很有必要好好地来了解一下这个过程到底是怎么发生的。

人们会以为别人跟自己一样

投射性认同本身是一种人的心理防御机制，其又由两种心理防御机制组成，一个是投射，一个是认同。

我们一个一个来介绍。

投射，这个概念可能大家并不陌生，简单理解就是一个人把另一个人想象或体验成了"自己的样子"了，或者说是把自己所不能接受的性格、特征、态度、意念和欲望转移到别人身上了。

比如一个男人在大街上遇到美女看自己时，会以为对方对自己有意思，其实很可能是自己对美女有意思的投射。

投射在生活中也很常见。

比如，我的一位朋友租房子时曾经遇到这样一位房东，大概是他搬进去前想让房东帮他维修一个什么小东西，只需要花十几块钱买个小零件。房东却说："如果是你花钱，你还修吗？"

很明显，房东把我这位朋友想象成跟他自己一样的人了，他自己在乎十几块钱，以为别人也在乎，这就是投射。

一般情况下，在知道别人经历了什么的时候，投射还是人们用来理解他人，与他人产生共情的基础，即推己及人的设想，如果我经历了对方所经历的我会有什么感受。

比如，如果我们失恋过，并感受到过那种撕心裂肺的痛，在别人失恋时，如果别人很痛苦，我们就容易理解了，因为我们可以把自己的感觉投射给对方，这样就可以理解对方了。

而一些没有失恋过的人，或者失恋过但不痛苦的人，理解起这些因为失恋而很痛苦的人可能会有一定的困难。毕竟人们投射不出自己内心没有的东西。当然，这并不绝对，因为有些人的共情能力是很强的，就算投射不出来，但他们可以用自己的感觉直接感知到别人的感受。

再来说说认同。孩子学习说话、走路、做游戏等，都有认同的色彩在里边，这是人早年成长的重要过程，也可以说人的一生都在认同他人。

但认同作为一种防御机制时，一般情况下指的是一个人通过把另一个人的某些特点吸收进来变为自己的，变得和那个人像，而消除自己的焦虑。当我们讲投射性认同中的认同时，说的就是认同作为一种防御机制在起作用的过程。

俗话说的某个孩子的性格"随"自己的父亲或"随"母亲，这里的"随"往往也是认同的结果。既可能是正常的成长需要，也可能是防御性的。

同时，孩子既可能认同父母身上好的部分，也可能认同父母身上不好的部分。

比如母亲喜欢音乐，孩子也在母亲的影响下喜欢上了音乐，孩子就有认同母亲的可能。

再比如父亲有暴力倾向，孩子长大了也有暴力倾向，就有向攻击者认同的可能。这是一个"为了防御我的恐惧，我要变得像你一样"的过程。这时的认同是作为一种防御在使用，防御自己因被父亲施加暴力所带来的痛苦和恐惧。

很多年轻人会模仿偶像来行事，这也是认同，是通过向理想形象认同，来防御自己内心的弱小无助感。

成语"东施效颦"，指的也是认同。这时的认同就是一种防御，防御的是内心的自卑感。

在精神分析师圈子里如果你看到留着大胡子、手里拿着烟袋锅的咨询师，就会很容易想到，他们可能是在认同精神分析的祖师爷弗洛伊德。

简单地理解，防御性的认同就是我直接把他身上的一部分特质拿过来变为了我的，在那个部分我成了他，这样我就不会感到焦虑了。

中了对方的招，你就滋养不了对方了

明白了投射和认同分别是什么之后，再来理解投射性认同就比较容易了。

在亲密关系中，投射性认同很常见，我们先来看一个例子。

我有一个女学员对我说："他终于说出来了那句话，他说要跟我离婚！我就知道早晚会有这一天。"

她说的这句话，就意味着她可能在使用投射性认同这种防御机制与老公互动。

首先，是她心里一直觉得自己是不值得被爱的，这是她内心本来就有的感受，源自儿时在与父母的关系中不被爱的经历。

然后，她把这种感觉投射给老公，认为老公根本不爱她，并反复地指责老公。老公的一些疏忽大意、照顾不周等也都被她解读为根本就不爱她，所以她时常各种作、闹。

最后，她老公受不了，提出了离婚，这是她老公认同了她。真的也觉得她不值得自己去爱，成了那个不爱她的人。

之后，她得出了上面的那个结论："我就知道早晚会有这一天。"这是她把"我根本就不值得被人爱"这个原本她投射出去的内在感受又认同了回来。

这样就完成了本来就存在于她内心的一个剧本，也是她内心深处的关系模式，即不会被人爱。老公提出离婚与她各种指责、作、闹有关，是她的潜意识的内在关系模式的再现。

当她完成了这个重复过程后，她内心就更加对自己感到绝望，即便以后再建立新的关系，还是会把这种感觉投射然后再认同回来。

她这样做的原因本身是为了防御内心那些不被爱的痛苦，但这种防御本身又制造了她想回避的那些痛苦感受，并且会不断重复，就像在她的生命中反复上演的悲剧一样。

我们来总结一下这个过程。

一个儿时感觉到自己不被爱的人，内心本来就有一种感受，也可以说是信念："我不好，我是不会被爱的。"

在进入亲密关系后，他会投射出这种感受："我不好，我不会被爱！"

对方如果认同了这一点："你不好，我不会爱你！"就会进而真的对他不好。

他又把这一点认同回来："果然，我不好，没人会爱我！"

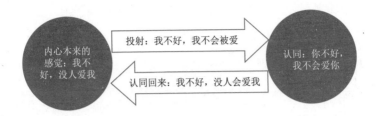

在这个过程中，最重要的是一个人把自己投射出去的东西，再认同回来。并且因为这是一个人内在的关系模式，一直在自己的内心，如果没有觉察的话，这个人的人生中会反复经历这个类似自我预言实现的过程，形成一种宿命式的轮回，自己却毫不知情。

不过，在投射性认同中，人们投射出来的也并非都是不被爱的感觉，还可能是别的，比如无助。

在我的生活中，就曾经感受到过这种对无助的投射性的认同。

我有一个朋友，有一次他生活上遇到一些困难，讲给我听，我很快就主动地帮助他去处理这些困难。一开始的时候，我觉得作为朋友这都是我应该做的。

但做着做着，我感觉不对劲了，一些明显他自己可以做的事情，他也会主动打电话跟我说，比如他会跟我说："我去找人家，人家不理我啊！"

这里的关键是他并没有直接说"你来帮我处理这个事情

吧，我处理不了"，他只是主动给我讲述他遇到的困难。

我先是升起一种想要再次帮他解决这个问题的冲动，而后我忽然间意识到，他在把他的无助投射给我，他在等着我主动做那个帮他解决问题的人。我被他操控了，在他的潜意识里已经限定了我的角色，即我是那个要帮助他解决这些问题的人，而不是他自己。

在意识到这些之后，我随即不再主动地说这个问题我来解决了，而是跟他一起探讨这件事情，并理解他的无助。最后他自己成功地把事情解决了。

在这个过程中，这个朋友的内心先是有一个"我很无助"的感觉，当他把这个感觉投射给我时，已经限定了我的角色，或者说就等着我认同。当然，这一切他并没有意识到，都是潜意识过程，更不会是故意的。

在开始的时候，我没有觉察，所以中了招，这时我就是认同了他的无助。然后当我解决了那些问题，其实就会给他一种"你比我厉害的感觉"，等于他又把那种他很无助的感觉认同回去了。

这样就完成了一个完整的投射性认同的过程。

他投射：我很无助，你很厉害。

我认同：你很无助，我很厉害。

然后他认同：你很厉害，我很无助。

这个过程像扔回旋镖的过程，他把无助飞出来，又把无助接回去。我是那个不自觉地中了招，配合他完成这个过程的人。

在前面讲的那个遛狗的例子中，我没有中招，所以，也没有帮助那个女孩儿把她投射出来的内容再原封不动地还给她。

这便是我们在人际关系中，特别是在亲密关系里想要滋养对方时要做的非常重要的一件事情，不中对方的招，即不认同对方投射来的某些不好的东西。

这个过程中，对方是把你设定在了一个他潜意识里的角色上，而看不到真实的你，不认同即不去成为他潜意识里的那个角色。

在亲密关系里，最为常见的会影响关系健康发展的，是前面我们讲的对方内心觉得自己不值得被爱，然后把你放在一个不爱他的人的位置上。你一中招，他就完成了整个投射性认同的过程。

可以这样说，在很多人无意之中重复着儿时命运的过程中，很多外部的人其实是那个帮助他们完成这个过程的人。

这跟我们很多人都有的内在模式有关，即你如何对我，我就如何对你。

表现为两句话：滴水之恩，涌泉相报；你不仁，我不义。

这两个做人的模式同时出现在我们身上的话，我们基本上就是你怎么对我，我就怎么对你了。这也基本上是人趋利避害的本能。

不过，这样的话，我们就像一个加力弹簧，把对方投射来的东西统统都给他以更强的方式弹回去，对方也自然就完成了他的自我命运的不断轮回。

在普通的人际关系里，你如何对我，我就如何对你，非常常见，这本身也是很多人做人的原则。但在亲密关系里，如果我们也这样的话，就无法真正滋养到对方了，也难以经营好亲密关系。

因为在亲密关系里，很多人都会把自己内心的那些儿时体验到的不好的感受投射出来，如果我们还做弹簧的话，把他投射过来的还给他，就会让他继续感受到那些痛苦的体验，甚至绝望。

你做的要跟对方以为的不一样

在亲密关系里，人们投射出来的东西，都是自己内在关系模式里的重要体验，也就是早年与父母的关系模式被内化到内心形成的，这些体验有好、有坏。

好的比如有亲密、认可、信任、被爱等感受。

不好的体验比如有无助、不被爱、对父母的恨等等。

这些体验都在潜意识里，平时是意识不到的。

通常情况下，当对方把好的感觉投射出来，我们会感觉很好，这也有利于关系的建立和感情的培养。

比如对方把信任投射给你，你可能会因为被信任而变得更加地坦诚、值得信任，此时对方感受到的你，就是一个值得信任的人。

当对方把内心那些不好的感觉投射出来时，我们往往是感觉不好的，如果此时也总是直接把那些感觉给对方弹回去了，也就滋养不了对方，当然也经营不好关系了。

比如在亲密关系里你很专一，但对方却怀疑你在外面有人，经常看你手机、查你的岗。你很生气，觉得他不相信你，进而就是不给他看手机，就是不接他电话，那他感受到的你就是一个不值得信任的人。

如果我们不做弹簧，更不会做加力的弹簧，而是可以把他投射过来的不好的感觉接住，然后拿起我们自己的好的东西还给他，也就是爱和好，就滋养了他，疗愈也就发生了。

比如手机让他随便看，出门不用他查岗，经常主动视频一下，让他放心，时间久了，他自然会发现你不是他想的那样。

这时的做法，像一个容器，一个可以消化对方投射过来的恐惧和痛苦，又可以给出爱和好的容器。

从这个角度看，一个人所建立的亲密关系里有没有滋养，似乎最重要的是看这一点了。而一个人在亲密关系里有没有滋养的能力，甚至是爱的能力，也就要看他在亲密关系里只是做一个"你如何对我，我就如何对你"的弹簧，还是做一个可以容纳、消化对方的恐惧和痛苦的容器。

再比如：

爱人说："你根本就不重视我，你心里根本就没有我。"

如果你说："怎么就没有你了，还要怎么有你啊？"

然后跟他就此发生争吵的话，实际上你就做了弹簧。因为这一刻他把你投射为不爱他的了，而你还给他的也是不爱的感受。他投射出来的，和认同回去的是一样的。

如果你说："哦，是吗？可以说说吗？我做了什么让你有这样的感觉？"

语气是温暖而关注的，并且之后也还是像以往一样继续对他关爱。这一刻，你就是做了容器，因为你没有认同他，他投射过来的是恐惧和痛苦，你还回去的是关爱。

不只是亲密关系，在其他关系里如果我们不做弹簧，做容器，也是可以滋养对方的。很多关系里的矛盾，都与一方在投射、另一方在做弹簧有关。

一个女学员很气愤地告诉我："我不是那种不尊重老人的人，我婆婆偏说我不尊重她。我当然不愿意了，我就跟她大吵了一架。"

这样一来，她其实就把婆婆投射过来的恨和坏弹回去了。婆婆说她是不尊重老人的人，她嘴上说她不是，但结果却在行为上很快就变成了婆婆投射出来的样子，也自然就帮助婆婆完成了一次投射性认同。

这个不做对方的弹簧，而是做容器的过程，我感觉和我老家的村里的人们称之为"不跟他一样"的做法很类似。

农村夫妻过日子也会有很多冲突、争吵，也会有很多婆媳之间的矛盾。但当家里发生矛盾时，村里时常会有人轮番来劝说。从小到大，这是一句我听过很多遍的话：

"他说你是啥人，你就是啥人了？咱不跟他一样，慢慢他就知道你是什么样的人了。"

类似的话还有：

"他说你不好，你就不好了？咱不跟他一样就行了！"

"他说你心狠，你就心狠了？咱不跟他一样就行了！"

"他说你自私，你就自私了？咱不跟他一样就行了！"

"不跟他一样"，我觉得这句话非常地形象和直观，对方以为你是什么样的人，你就成为什么样的人，这是跟对方一样了。

反之，对方以为你是什么样的人，如果你不被影响，继续保持原来好的态度和做法，你就跟他以为的不一样了。

村里人说这句话时，有不跟对方一般见识的意思。其实也就是不做弹簧，而是做容器的意思。

不管是做"容器"还是"不跟他一样"，这种滋养本质上都是通过你实际的做法跟对方想象的不一样，来改变对方内心对外在世界的感觉。一个人内心如果觉得自己是不值得被爱的，就可能会觉得谁也不会真正地去爱他。但如果你不被他影响，继续去关爱他，慢慢他就会意识到你是爱他的，这也就改变了他内心不值得被爱的感觉和关系模式。

决定我们是弹簧还是容器的，除了你有没有能力识别对方在使用投射性认同这个防御外，往往是我们内心的创伤，如果自己心里有很多伤口的话，就很容易被对方投射过来的东西触碰到自己的伤口，为了不让自己难受，我们就很容易把对方投射来的东西弹回去。

比如对于自恋受损比较严重的人而言，一句"你根本就不爱我"，就可能会深深地刺痛他，进而引起他的攻击欲，即愤怒。当把愤怒付诸行动，当然也就做不了容器了，只能是弹簧。

从自身内心有没有伤口的角度来看，投射性认同还很像对方抛过来的一个钩子，你内心有伤口，就容易被钩住，你内心没有伤口，就不容易被钩到。

当你被钩到后，像是心上的一块肉被对方一直用一个钩子钩着，会不自觉地被对方控制，按照对方潜意识里的模式来做事，这时你也只能是做弹簧。

只有不被钩住，才有机会做容器。

第十章

如何帮助对方变得更独立

在这些年的工作中，我遇到过不少因为父母对子女的恋爱或婚姻生活干预太多，最后导致子女分手或离婚的情况。

有的是子女与爱人之间出现一点儿小矛盾，父母马上就给子女的爱人打电话。

有的是父母要替子女做主决定买什么样的房、装修成什么样的风格，甚至家里要买什么家具等。

还有的会干预子女及其爱人的工作，直接告诉子女及其爱人希望他做什么工作，该如何做，等等。

我们都知道，父母的这些做法，在他们自己看来肯定是觉得都是为了子女好，但实际上这些事情很多时候都是需要子女和其爱人自己去处理和应对的，因为这是属于他们自己的事情，如何做要取决于他们内心的声音。

这样的父母，在子女小时习惯这样对待子女，很多子女可能也已经习惯了这样的方式，意识上也许不会感觉到有什么不满（潜意识里一般都是愤怒的）。但一旦他们结婚之后，他们的爱人不一定习惯，很可能会感觉到被入侵了，心里是愤怒的。

我还有一个经验，就是子女的爱人如果也觉得这样的父母做法很正常，他们也习惯了的话，很有可能，他们的父母也是喜欢越界的人。这样的话，双方的父母一般都会搅进这对夫妻的婚姻生活中去。

这就容易出现一种情况。

一件事情，公公婆婆要做主，岳父岳母也要做主，本来只存在于夫妻之间的一个因差异而需要去沟通磨合的事情，变成了两个家庭之间的权力之争，很容易导致这对夫妻的生活乱七八糟，并且最后一发生矛盾，就是双方父母之间的矛盾。

这样的案例我不止一次遇到。夫妻之间还有感情，但双方父母已经吵得不可开交，甚至反目成仇，最后这对夫妻不得不因为父母们的交恶而分开。

父母对子女越界，不管是对子女的个人成长还是婚姻幸福，都是没有什么好处的。

同样地，从滋养的角度来看，爱人之间，如果经常越对方的界，对对方的成长和幸福也是没什么好处的，并且有可能重复对方父母曾经对他们入侵的创伤。

一个人的性格成熟和人格完整，一定缺少不了自己要对自己的人生负责，独立自主，不依赖人这一点。

情绪上支持，事情上不代替

在日常的情感生活中，我们肯定是要满足一些对方的心理需求的，而这也才是正常的爱人之间在一起生活的状态。再加上如果想着要滋养对方，经营好关系，需要满足对方的可能会更多些，但这不代表要替代对方做一些他自己本来就可以完成的个人的事，这是容易搞混的事情，需要我们特别注意。

通常，如果对方遇到一些困难，我们最好是在情感上为对方提供理解和支持，具体的日常生活和工作中的属于个人的事情还是需要他自己去完成的，这样才能有真正的成长。

就像父母可以理解孩子做作业的辛苦，但坚决不能替孩子写作业一样，因为父母不可能替孩子解决未来人生中所要面对的所有问题。

情绪上的支持可以帮助人在成长中提高对情绪的耐受力，提升情绪上的成熟度，但替代对方做事是不会帮助对方成长的。

一些有依赖倾向的人，他们之所以不独立，除了儿时的一些创伤经历导致他们自己内心弱小无助没有力量和能力外，也有很多人是由于成长过程中父母替他们做了太多事情，没有给他们太多锻炼自己、发展自我能力的机会。

这种情况下，你要做的一定要与他们的父母曾经做的不一样。不替代对方做事，保持你与对方的边界，你的事情是你的事情，对方的事情是对方的事情，就是给对方成长与锻炼的机会。

对方遇到困难时，把解决困难的空间留给对方，让对方在这个空间中成长、锻炼自己的能力，他自然就会从身体力行中获得成长，这也是允许对方有一个成长的过程。

我在上一本书里举过一个丈夫每次都帮妻子倒车的例子，其实就是丈夫替代妻子做了本该妻子做的事情，容易导致的结果就是她可能一直无法提升倒车的能力。

我还遇到一种情况。

丈夫一遇到工作上的困难，妻子就出手帮助解决。结果妻子的能力越来越强，丈夫的能力一直没有得到成长。最后妻子看不上丈夫，经常指责丈夫，丈夫受不了，提出要离婚。

当然，也有颠倒过来的，丈夫常常帮助妻子解决工作中的困难，最后又看不上妻子。

这些结果的出现，其实都是双方互动的结果，能力强的一方如果只是提供情感、情绪上的支持，不帮助对方做具体的事情，对方在做事的过程中自然就会成长，而且关系会变得更好。

反之，不但成长不会发生，还容易导致能力强的一方对能力弱的一方长期不满，进而弱的一方渴望被认可的需要也得不到满足。这样的感情，是很容易出现问题的。

给对方预留成长的空间

如果要滋养对方，帮助对方成长，就是要把所有属于对方自己个人的事情，或者应该承担的家庭义务，尽量留给对方来做。

这个过程中的难点在于一些人总是不自觉地想要替对方做事，他们自己在意识上可能会觉得是对方没自己做得好，实际上很有可能是太想证明自己在关系里是有价值的心理在起作用。

我有一个学员，她这些年承担了家里所有的洗衣服、做饭、打扫卫生、接送孩子上学、购物买菜等事情，把自己累得整天浑身疼，而她老公基本就是什么事情都不做，回到家里就是吃饭、睡觉、看电视、打游戏。

但实际上在他们刚结婚时，局面并不是这样的，那时老公还会帮助做饭、打扫卫生，随着她对老公做的事情看不上而对他的指责，以及她会主动把很多事情都做完了，他就慢慢变成了这个样子。

可以说，今天的局面，是他们二人共同导致的结果。他也许本来就不太喜欢做这些，加上她的指责和主动做完所有的事，又剥夺了他主动去做的意愿和空间，他就慢慢不做了。如果她希望他能分担些，要做的除了在他做事时少一些指责外，还需要留些事情给他做。

这个道理也很简单，有些事情你不做，对方承受不了，自然可能会去做，比如他饿了没人去做饭，他想吃了要么自己点外卖，要么只能自己去做，但不管点外卖还是自己做，都是自己照顾自己。

通常在亲密关系中，人们容易在几个方面越界：

一是，替对方做事。

对方的工作、个人事务、应承担的家庭义务，都存在有人会替对方做了，然后指责对方能力差、懒、笨的情况。

二是，替对方做决定。

比如不经对方同意，就把对方的个人物品扔了；不经对方同意，就替他答应了帮别人的忙，或拒绝了别人的请求；等等。这类事情都是替对方做决定，因为这类事情，都是属于对方个人的事情，需要对方自己做决定。

所以，即便我们觉得某些事情对方应该做，或者知道对方一定会答应或拒绝，也尽量要跟对方商量一下，这是在尊重对方作为个体存在的权利。

在亲密关系中，即便不是对方个人的事情，而是涉及双方的事情，也都是要商量着来的，如果不跟对方商量就做了本该商量的事情，也是替对方做了决定了，就越界了。

比如买什么样的家具、电器，假期旅游去哪里等，都不是只关系到个人，都是需要商量着来的，除非对方说："你看着办吧，我无所谓。"

三是，忽视对方的感受，做一些对方明显不愿意的事情。

比如对方不喜欢带陌生人来家里做客，如果你未经对方同意，就带陌生人来家里，明显是做了对方不愿意的事情。这种时候，当着外人的面，对方可能不说什么，但心里可能是生气的，因为他的感受被忽视了。

四是，逼迫对方做一些他不想做的事情。

比如让对方改变发型、穿衣风格，而对方如果内心并不想这样做的话，也是对他的越界。

还包括改变对方的正常爱好，强迫对方换工作，等等。

这些事情，如果一商量，对方就同意了，这也可能是对方自己意志的表达，如果对方不同意，被逼迫做，就是对对方作为一个个体的越界。

越界，从本质上来讲，就是入侵。面对入侵，如果对方没有力量抵抗，他的边界会被破坏，这时，他的自我就不完整了，或者如果他的自我本身就不够完整的话，入侵会影响他的自我变得完整的过程。而人的幸福是要靠做自己的，没有完整的自我，人就不可能有真正的幸福可言。

不越界，才能去依赖

在亲密关系中，一般来说，有三种人相对比较容易越对方的界：

一种是自己没有什么边界感的人，他们不知道什么是自己的，什么是别人的，所以，他们越了别人的界往往也不自知，因为他们心中还没有别人。这样的人，自己不成长，他们往往难以适应亲密关系，更不用说滋养别人了。他们是前面提到过的活在一元关系里的人，最需要的是把自己内在的关系成长到进入二元关系、三元关系。

很多人可能并不是完全活在一元关系中，但人格中残留有一元关系人的某些特点，这样也可能会在亲密关系中不自觉地越界。

另一种人是从小成为代理父母的家里的排行老大，他往往从小就被要求照顾弟弟妹妹，只有这样，他才能得到父母的关爱与认可。这样，他就习惯了照顾人，不照顾人，他几乎不太知道如何与人相处了。

所以，当他结婚后，往往还在照顾自己的弟弟妹妹，这也导致这些弟弟妹妹一生都可能长不大，一直依赖他。另一点就是他会在与爱人组成的新家庭中，继续扮演照顾者的角色，把家里的各种事情都做得很好，让另一方无事可做。然后，他再指责对方什么都不干。

他是希望通过自己的行为证明自己是有价值的，进而有资格得到爱及存在的权利。也有一些人，他并不是家里的老大，他甚至是独生子女，但他依然会在关系里特别想要证明自己是有价值的，这与他儿时缺失爱与好的照顾是有关系的。

还有一种人，他做很多事情，出发点可能并不是想要照顾别人，而是想要证明自己比别人厉害，所以看到别人遇到有点困难的事情时，总是忍不住想要取而代之，以此来证明：看，我比你厉害吧！

所以，他们的口头禅往往是：你这样不行，我来吧！

　　婴儿在得不到好的照顾时，为了防御内心的痛苦，可能会想象自己是无所不能的，这个想象出来的全能的人目的就是为了照顾那个弱小无助的自己。

　　这样的人，进入亲密关系后非常容易成为照顾者，因为他看不得别人无助，那会唤起他内心深处的弱小无助的记忆。在找对象时，他们也很容易找那些照顾不好自己的人，因为只有这样，他们才有机会证明自己是全能的、有能力的。在那些本来就很有能力、可以把自己照顾得很好的人面前，他们没有这样的机会，所以，他们也常常对那样的人没兴趣。

　　前面描述的几种类型，在某些人身上也可能会同时出现两种及以上特点：比如既渴望证明自己的价值，又觉得自己是无所不能的。

　　在亲密关系中，不管是因为什么原因，如果一个人总是越过对方的边界，是会容易让对方感觉到愤怒的，因为每个人都希望成为自己，有自己独立的想法和感受。

　　除此之外，对于有依赖倾向的人而言，也容易强化其依赖的特点。这也是非常需要注意的一点，因为很多有依赖倾向的人本来就会使用投射性认同，把他的无助感投射出来，如果你刚好是上面描述的那几种人，很容易就不自觉地被钩上，做了那个替对方做主或做事的人。

　　对于本身就没有什么边界感的人而言，就更是没有机会帮助其建立边界感了。

在后边，我会介绍关于如何帮助对方"成为自己"的方法，其中会提到"自发性"和"真实感受"等概念，只要注意凡事考虑到是不是对方自发的，以及对方的真实感受是什么，不越对方的边界就比较容易意识到和实现了。

第十一章
如何让对方越来越尊重你

我有一个女学员，她在前后两段亲密关系中，都有一个特点，就是完全听从对方的话，做任何事都不敢违反对方的意愿。比如过节她想回娘家看看，对方不乐意让她回，她就不回了。她想去哪儿玩儿，对方不想让她去，她就不去了。

结果第一段关系没几年就结束了，她的感觉是受不了对方了。第二段关系里，她现在也觉得特别地累，疲惫不堪。

前面我有多次提到，经营关系、滋养对方是要在一定程度上满足对方内心发展上的需要的，后文我也会系统地介绍相应的方法，但这很容易给人一种经营关系、滋养对方就是放弃自我，完全满足对方需要的错误感觉。

所以在这里，我要再次告诉你的是，无论是从经营关系的角度来讲也好，还是单纯地从滋养对方的角度来讲也好，都绝对不是放弃自我，也不是拯救对方，而只是在某些时候为对方内心的缺失和需求部分提供一些力所能及的新体验，仅此而已。

并且在这个过程中，有一些时候你反而是一定要坚持自我的，并且只有你坚持自我了，你才能真正地经营好关系，滋养到对方。

如果你真的完全放弃了自我，全部来满足对方所有需要的话，对方可能就完全不用考虑你的感受了，生活中也许什么也不需要做了，只需要在关系里做个孩子就行了，有什么需要让你去满足他就行了。

你也可能会陷入痛苦之中，因为你已经完全被对方控制或吞没了，完全失去了自由，甚至是自尊，你可能会体验不到亲密关系中还有什么幸福可言。

甚至会像我的那位学员一样，觉得受不了对方了，自己主动结束了关系。

在亲密关系中，对方内心想做的所有事情中，一定会有一些你无法接受的事情，因为你也会有你自己的自主性、恐惧、焦虑、自尊、不安全感等，不可能和对方是完全一样的人。

比如，如果对方想要把你们的房子抵押了，贷款借钱给朋友做生意，就可能会唤起你严重的不安全感。

这个时候，如果你觉得你做不到这样去帮助他的朋友，拒绝他的这个想法，是对你自己的保护，也是在告诉对方，你是一个独立的人，有你的感受和意愿。他不能随心所欲，想做什么就做什么，他需要考虑到你的感受。

这不但是保护你自己的感受，也是在帮助对方意识到他的个人意志不是可以任意作用于他人的，他的感受是感受，别人的感受也是感受。世界是有边界的，人与人之间也是有边界的，做人要尊重别人的边界和感受。

对一些喜欢入侵别人，把自己的意志强加给别人的人而言，这是非常重要的事情。

不过，要在这一点上滋养到这些人，最重要的是尽量不去说教、指责、否定，甚至发脾气，因为这些都没有用，还可能会激怒对方，让对方冲动之下强行去实施他的计划。

让对方接受你决定的方法

这个时候，最重要的，也是最有效的方法反而是用温和的态度跟对方说不，然后坚持住自己的立场就行。你越是温和的态度，越是容易被对方接受；越是激烈的态度，越是容易激起对方的反抗。

在坚持的过程中，你很可能会遇到对方对你决心的冲击，也许是软磨硬泡，也许是威逼利诱。不管对方用什么招，当你决定要拒绝的时候，你的态度前后要一致，才有利于对方知道你是一个有力量的人，不是一个轻而易举改变决定的人。

你在做的，是在保护自己的边界，如果让对方感觉到你的边界就像是一张纸，他轻轻一捅就破了，那他以后一定还会经常越界，甚至视你的边界为无物，不理会你的感受。

只有你的边界如城墙般结实，对方才不会轻易地来尝试突破，因为他知道他努力也没用，你的力量很强大，不是可以轻而易举就改变决定的。

这其实就是我们常说的学会拒绝，也是我们做自己的必要条件，不会拒绝的人，无法保护自己的感受和意愿，根本就做不了自己。就像一个没有能力防御入侵的国家，什么人都可以随意进出，这个国家实际上也就已经名存实亡了。

特别是如果遇到了从小就练就了一身控制父母本事的人，他进入亲密关系后，肯定会想要控制自己的爱人，因为只有这样他才觉得安全。他可能会使用各种组合招数来达到控制你的目的，也许是贬低，让你感觉自己什么都不是；也许是控诉你的"罪状"，让你感到内疚；也许是威胁你不答应他就分手，利用你的恐惧；等等。

面对这些涉及入侵你边界的情况，你只有坚持自己的立场，不改变自己的做法，才能不被完全控制和吞没。

这种情况下，你守住了边界，也就滋养了对方，让他随心所欲的个人意志限制在一个有限的空间内，他也才会变得更加意识到别人和他一样，都是一个有独立自主意识的个体。

在这个过程中，你要做的除了坚持立场、态度温和外，如果还能够理解他的心情并跟他共情，也有利于他理解和接受你。只不过，特别需要清楚的是，态度好，理解他的心情，不代表支持他的做法，更不代表你会妥协。

比如，你可以对他说："我知道你和这个朋友关系很好，你很想帮助他。但是我做不到，请你原谅！"

有边界，才会被尊重

至于什么事情上要拒绝，这就要问你自己了，你不愿意做的事情，你的心总会知道。

如果你不愿意而又不拒绝，其实是违背了自己的内心，或者说压抑了自己的感受，这可能会导致你怨恨对方，而这份怨恨也是有可能影响到你们之间的感情的。

我有一个女学员，她本来在一家金融机构上班，她很喜欢自己的工作，收入也很不错。后来，她的男朋友想要跳槽到他们公司来做管理，但公司规定恋爱中的两人或夫妻不能同时都在公司工作，于是男朋友提出让她辞职，因为他觉得这次机会对他而言很重要。

我的这位女学员心里不愿意，舍不得这份工作，但没有拒绝男友，她觉得自己这样做是为了感情。

结果，从她离开公司的那一刻起，心里就一直怨恨男朋友不在乎自己的感受。随后在找工作和在新公司工作的过程中，每当她遇到一些工作上的不顺心时，心里的怨恨就多一些。最终他们没能在一起，因为心越来越远了。

现在看来，如果我的这位女学员当初拒绝了男友的要求，就一定会影响他们的感情吗？恐怕也未必，反而她那时的做法也可能会让男朋友觉得她当初也许没有那么在意那份工作。可以肯定的是，男朋友没有替她考虑，但她在那一刻也没有做真实的自己。

很多这种越界的事情，都是二人共同互动的结果，只要你坚持自己，对方想越界也不是他一个人说了算的。

所以，你只要做真实的自己，愿意就接受，不愿意就拒绝，自然就坚守了边界。

不过，做真实的自己，前提是你要有自己。如果没有自己，不知道自己的感受是什么，也当然不太知道自己内心在很多事情上是愿意的还是不愿意的。这个时候，也许你就不知道什么时候该拒绝、什么时候该妥协了。

真是这样的话，你需要的是先找到自己，有了自己，才能有做自己这回事儿，才有边界可言，进而也才能获得对方的尊重。

又或者，你内心有太多恐惧，比如害怕对方不满意、害怕冲突、害怕对方离开自己等，如果这些害怕太强烈的话，一点儿小的拒绝和坚持就唤起了这些害怕，你也可能会无法坚持自己。

那些长期在亲密关系里被对方控制或者虐待的人，往往都是内心有太多恐惧的人，比如害怕对方抛弃自己或攻击自己，这给了对方机会可以长期那样对待他们。

如果要摆脱这种局面，他们需要面对自己的恐惧，让对方感受到他们是有力量的。比如让对方意识到离开对方他们也可以好好生活，而虐待是绝对不可以存在的。只有让对方感觉到控制和虐待都是没有用的，他们的关系才有可能会进入到平等和相互尊重的局面。

在滋养性的关系中，既要满足对方的一些需要，又不要放弃自己，的确不太好把握中间的度。

这其实牵扯到的是人的适应度，或者叫弹性，就像我们的身体一样有弹性，既不能从里到外都像骨头一样硬，也不能从里到外都是软的，像是没有骨头。

如果你整个人都像骨头一样硬的话，就像一个石头人了，没办法和人亲密。

但没有骨头也不行，对方可以随意把你捏成任何形状。

肌肉和皮肤提供了弹性和缓冲，让我们可以和人亲密、接触、拥抱、做爱。

心理上的那个度，也是一样的道理。

从不妥协的人，像是石头人，缺少弹性和温度；完全妥协的人，像是没有骨头，缺少力量，也往往需要依赖别人，做不了自己。

我们需要成为的样子，是既坚挺、有力量，又有温度和弹性。

当我们成为这样的人，做到不放弃自我的同时，满足对方一些需要自然也就不是什么难事了。

第三部分

〰〰〰〰〰〰〰〰〰〰

深深地懂得，才
能深深地滋养

〰〰〰〰〰〰〰〰〰〰

前文讲过，人之所以会有心理上的创伤，究其原因，是在儿时被养育的过程中，要么该发生的事情没有发生，比如饿了没有被及时喂食，要么发生了一些本不应该发生的事情，比如被打骂、被厌恶等。

两者都会导致痛苦的产生，当痛苦超出了人在当时可以承受的极限，这些痛苦便会被防御起来，形成心理创伤。

之后，创伤往往会导致两个结果：

一、无论创伤何时产生，都会导致有一个痛苦的情感集团被防御在了潜意识里，以后一旦遇到与创伤相似的情景，这些痛苦便会被唤醒。

二、在人格发展的关键期，也就是儿时，创伤打断了人格的正常发展，导致人格发展的停滞。

前者有时表现为情绪按钮，即一旦相似情景出现，那些痛苦的感受会被唤醒。后者其实就是内心发展的需要未得到满足，导致内心的缺失、心理发展的停滞，严重的会导致心理、精神疾病，这有点像人在长身高时严重缺乏营养，结果长不高了一样。

心理、精神疾病需要的是专业的心理或医学治疗，针对属于健康人群但有一些内心缺失者的滋养方法，我在后边会做系统的阐述，这里重点说说针对痛苦感受会被唤醒的情况。

单从感受的角度来看，创伤导致当时无法承受的痛苦感受被防御起来。这些感受一般平时意识不到，当出现相似情景时会被唤起。比如生活中发生一些事情，有些人会有莫名的愤怒或伤感等，往往都是内心深处的痛苦感受被唤醒了。

还有一些时候，虽然痛苦被唤醒了，我们在感受上却可能意识不到，这些痛苦会表现在行为上，自己对此也并无觉察。

我有位学员，因为在课程上和另一个学员有些观点不一样，后面的课程要么他会晚到，要么他干脆不来了。经过我和他讨论后，他意识到，他是在回避对那个同学的愤怒感受。

像这样直接把自己的感受用行为表达出来而不自知的现象，心理学称之为付诸行动。

而在各种关系里，不用语言表达，直接付诸行动，都是不利于关系经营的，尤其亲密关系建立的初期，不沟通，对

135

方很多时候是不知道我们怎么想的以及感受是什么的。

还有的人，当遇到一些事情时，他们感受到的不是内心的痛苦，也不一定会付诸行动，而是表现为躯体上的不舒服，比如头疼、肚子疼、胃不舒服等。这是内心的感受以躯体感受的形式表达出来了，心理学称之为躯体化。

每一个人在成长的过程中都会有创伤，也就是说都会有无法承受的痛苦被防御起来。也都有可能会有付诸行动和躯体化现象的存在，不过存在着程度上的不同。

在亲密关系里，两个人一起生活，一定有一些事情会触碰到彼此的创伤进而唤醒那些痛苦。比如自己买了好吃的，之后边看手机边吃，结果没注意，自己一个人给全吃完了，没有给对方留，这样看似极小的一件事情就可能会唤起一些人儿时曾经被忽视的痛苦体验。

于是类似这样的生活中的一些疏忽，就成了很多爱人之间发生矛盾和冲突的重要原因之一。

这个时候，如果我们理解了对方的痛苦被唤醒了，又懂得如何应对这些痛苦的原理和方法，就有机会滋养到对方，也有机会让这样的矛盾和冲突逐渐减少。

第十二章

识别情绪信号，读懂爱人心

前文我讲过，想要滋养对方，我们需要通过日常生活中发生的一些事情来理解对于对方而言，什么是需要做的，什么是不能做的。

整体而言，他曾经缺失的，是你尽量要做的，他曾经受伤害的，是你尽量不要做的。

但这只是个二分法，只有需要做的和不要做的两个类别，那么在需要做的事情当中，哪些事情必须要做，哪些事情不做问题也不太大，哪些事情要立即去做，哪些事情可以慢慢做呢？

这其中，肯定是有轻重缓急的，我们要依据什么呢？

事实上，在亲密关系里，爱人之间彼此一直都在通过一定的方式，在告诉对方自己需要的轻重缓急，只是我们是否懂得怎么去解读对方给我们发出的信号呢？

从滋养的角度，信号给我们指引了方向，即便有时我们做不到去满足对方，但如果能够通过信号，知道对方怎么了，至少可以理解对方，理解本身也是具有很大滋养性的，这也是我们前面讲过的滋养的第一个层次。

让我们先从对方的指责这个行为说起吧。

"是卖盐的被你打死了，还是咱家吃盐不要钱啊！这菜怎么放这么多盐呢？"

"钱是你挣的，孩子是你养的，家务是你做的，我就是啥也没干呗！"

"你的工作比我重要，你的那些朋友比我重要，你家里人比我重要，反正就是我不重要呗！"

当我们被指责时，我们可能会感到愤怒、委屈，这是情绪功能对我们的保护。在亲密关系里，我们可能进而被这些情绪推动着去争吵，甚至威胁对方"不满意你可以换人"等。

这时，从情绪管理的角度，我们可以考虑是不是自己的情绪按钮被触碰到了，进而跟自己的痛苦在一起来穿越情绪。除此之外，还有一个可以去思考的角度，就是对方为什么要指责你呢？

后文我会详细介绍，人的内心发展过程中有五种基本需要：成为自己、获得无条件的爱、获得在一个人心中无比重要的体验、体验到价值感、获得重要他人的喜欢和认可。

对方的指责，往往与这五个需要的不被满足有一定关系。

比如：

指责你不够有能力，可能是想要你成为他心中理想化的人的样子，这样他就可以通过跟你的融合远离他内心那些弱小无助的感觉，成为有力量的自己了。

指责你宁愿打游戏、追剧，也不陪他去购物，可能是觉得你没有把他放在重要位置，想要获得在你心中无比重要的体验。

指责你因为他现在没以前收入高了，对他不好了，是希望无论他是怎样的，你都爱他，想要获得你无条件的爱。

指责你否定了他为这个家做的贡献，是希望你可以认可他的价值，想要拥有价值感和认可。

也就是说，对方的指责其实是在向你发出信号，告诉你他有一些需要，渴望得到你的满足。就像遇到危机的人们会向其他人发出"SOS"类的求救信号，或开车遇到紧急情况打开应急灯是一样的，都是在发出信号。

如同指责一样，发脾气、冷战、报复，甚至提分手等等，亲密关系中其实很多情绪的表达也都是彼此在向对方传递信号，希望对方可以满足自己的内心需要。

这时，我们如果陷入被指责、批评后的愤怒情绪中，就可能会陷入以往的那些争吵、冲突、冷战的模式中。

而如果我们愿意试着去解读对方的信号到底在向我们传递着什么，即便是在争吵之后试着这样去做，我们也依然有机会进入到对方的内心深处，理解到对方，也更有可能愿意去滋养对方，进而把关系经营好。

面对对方的情绪，从共情的角度我们是要能够理解对方的感受是什么，但从滋养的角度看，我们是要通过对方的感受理解到对方背后的需求是什么，进而适当地给予满足或撤出已经给予的满足。

信号不被看见，会逐渐放大

"亲爱的，给我拿一个浴巾！"

如果你的爱人在洗澡时忘了拿晾晒的浴巾，他直接说出他的需要，这样的信号清晰、明确、好理解，你满足起来也非常地容易，去阳台上把浴巾拿给他即可。

但在爱人之间的互动中，并不是所有的表达需要的信号都这么清晰，除了语言，还有行为、表情，甚至躯体症状等，都是信号。只是，当我们对这些信号体系不了解时，我们看不懂。

并且，当人们发出一个信号持续一段时间没有得到回应之后，人们会放大信号，如果意识到最初使用的信号根本就不起作用，人们可能一开始就直接使用放大之后的信号，这也是为什么有些人容易动不动就发脾气的原因。

为了方便理解，我们先拿孩子有需要时传递信号的过程来举例：

当一个孩子有需要，比如想要一个玩具，如果他会说话，他可能最开始会直接说出来"我要那个红色的小汽车"，也有些孩子并不直接说或还不会说话，而是伸手指向那个玩具或嘴里发出吭叽的声音；

之后，如果说出来或伸手、吭叽没有用，他可能会哭或发脾气；

如果这也没用，他可能会大声哭喊或打大人；

如果这还没有用，他可能会躺地上边打滚边哭喊；

如果这同样还没有效果，他可能会脱了衣服躺地上打滚……

总之，他会逐渐放大信号，直到被满足或陷入绝望。也有的孩子，还没等他把信号放到最大，已经被揍了一顿，他也可能会转向攻击自己，比如打自己的头，或陷入绝望，不再发信号。

在这个过程中，信号是以攻击的方式表达的，只不过有的孩子攻击外界，有的孩子攻击自己。

攻击外界的孩子会发脾气、打大人、摔东西等等；而攻击自己的孩子会哭、打自己、用头撞墙等等。实际上，最开始孩子都是攻击外界的，一旦攻击外界被惩罚得厉害或孩子感觉无法修复好被自己攻击的关系，攻击就可能会转向自己。

有些孩子一想要东西就直接大声哭喊或躺地上打滚，那是因为他知道前面那些初级的信号都是没有用的，所以，一有需要就直接上大招。

跟孩子一样，亲密关系中的人们在表达需求时也是这样的：

一、发出初级信号如果没有用，就会放大信号

比如，对方如果感觉不被关心，一开始可能会直接用语言表达："我感觉你不关心我！"

如果说了一段时间都没有效果，就可能开始放大信号，大声说："你一点儿也不关心我！"

如果这也没有效果，就可能变成发脾气，开始对你没好脸。也可能开始报复你，变得也不关心你，你生病了他装着没看见，等等。

如果我们把信号分成1、2、3、4、5，5个等级的话，开始人们使用的都是1、2级的，无效才会使用3、4、5级的。

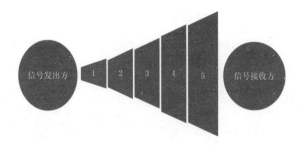

信号不被看见，就会逐渐被放大

总之，信号在一开始没有被看见，就会被放大，也可以说是增加力度，目的还是一样，希望你可以关心他。

二、长期体验到初级信号没有效果，会直接使用较强信号

也有不少人，一开始就是发脾气，这可能是因为他从小就意识到初级的信号是没有效果的，必须得发脾气，他的父母才能看见他的需要。也可能是因为儿时需要未被满足带来的痛苦太强烈了，他们内心压抑了太多的愤怒，恨不得想要摧毁周围的环境，但这本身就是信号。

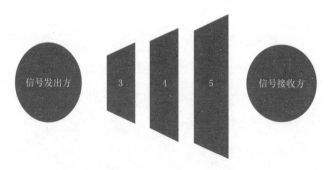

长期体验到初级信号没有用的人，可能一开始就用放大了的信号

亲密关系里的痛苦往往在于，在对方发出信号的时候，因为我们自己的情绪按钮在那一刻被触碰到了，或者我们也有自己的需要渴望被满足，我们就可能会反击、防御，而对对方的信号视而不见。

比如对方抱怨不被关心，而这刚好是你的一个害怕被否定的情绪按钮或者你感觉自己已经很累了的话，就可能会反驳说：

"怎么不关心你了，我这天天工作忙成这样，难道要不上班天天只陪你？"

这个时候，你也没有了空间在那一刻去思考以下问题：

为什么对方会说我不关心他？

他想要的关心是怎样的？

为什么他那么需要关心？

他想要的关心我是否真的满足不了？

等等。

这时，如果对方已经把信号放大到了他认为的最大程度，但还没有效果，他就可能陷入绝望，收回对你的期待，不再向你提任何要求，这也意味着对方把自己的心封闭起来了。

他内心的声音可能会是：

"我算是看清楚你是个怎样的人了！"

"算了吧，就这样吧！不期待就不会难过！"

"爱情都是骗人的！"

亲密关系中的很多人，之所以会从当初的亲密无间到最后心越来越远，往往就是一次次这样的绝望之后，慢慢向对方完全关闭了心门。

之后，有的人会待在这样已经绝望了的关系中，而有的人会寻求关系外的补偿，这时，出轨就很容易发生了。

需要特别注意的是，信号的背后是需求，当你只是想要消灭对方的信号，而没有看到背后的需求时，就变成了像是有人用手电筒向你发求救信号，而你在怪他为什么要拿手电筒照你的眼睛一样。

在冲突和矛盾的当下，我们如果没有空间去思考对方的信号是什么，等到情绪平静下来后，也是可以思考那些问题的。

即对方想通过这些信号传递什么信息，表达什么需要。

攻击的背后是需要

人类用来表达需求的信号体系是一个庞大的体系，语言、文字、动作、表情等都在这个体系当中，非常的复杂，但也并非没有规律可循。

一名专业的心理咨询师往往会接受多年的培训和督导，

这其中有一个重要的目的，就是为了更全面地读懂来访者的信号，更多地了解来访者到底怎么了。

我们如果对心理学有更多的了解和掌握，也能够更多地理解自己的爱人、孩子等人的信号，进而就可以更好地满足与关爱他们。这也是普及心理学的重要意义之一。

如同孩子得不到满足时可能会打大人一样，关系中最为明显的表达需要的信号是攻击，如果儿时形成的模式是向外攻击的话，现在通常依然是向外攻击。儿时就把攻击的方向朝向自己的，现在一般还是向内攻击。

抱怨、指责、批评、发火、冷战等都是向外攻击；自责、自我伤害、情绪变得低落等是向内攻击。

向内的攻击通常不会引发关系里的矛盾和冲突，因为他们在独自承受，容易导致的是抑郁。会引发冲突和矛盾的，一般都是向外的攻击。

而我们要做的，是通过那些表面的攻击，不管是向内的还是向外的，看到对方背后的需要，这样才有可能滋养到对方。也才可以彻底地终结那些无休无止的争吵、冲突、冷战等关系中的不幸福局面，或者减少对方因自我攻击而变得抑郁的可能。

基本上，当人们在亲密关系里使用攻击表达需求时，大多是前面我们讲的五种基本需要没有得到满足，因为被满足得好的人，会更容易包容、接纳、允许。所以，当你遇到对方的攻击信号时，可以问问自己，他的哪种需要没有得到满足？这样就容易进入到他的内心里了。

比如：

他跟你交代了要你出国时给他买样东西，但你忘买了，回来后他就不怎么理你了！

这是用行为在攻击你，表面看想要的是东西，背后的需要是希望在你心里重要，他的事情你能上心些。

再比如：

对方说："我不就炒股亏了点钱吗？你怎么就那么讨厌我呢？炒股不就是有赚有赔吗？"

表面看，他是希望你接纳他炒股亏了钱，背后则是希望你无论他是赚钱了还是亏钱了都接纳他，属于无条件的爱的部分。

当然，你可能会说"我爱他也不能允许他没完没了地亏钱吧"，是的，无条件的爱和让不让他拿家里全部的钱去炒股是两回事。不因为他已经亏的部分改变对他的爱，并不影响你不让他再拿钱去炒股，后者关系到你保护自己边界的问题，也是对他的滋养。

从对方的攻击中发现对方内心需要的信号，不管是在当时做到还是事后做到，都是很有意义的。但这不是一件随便谁想做就都能做到的事情，需要你内心足够强大，可以承受住对方的一些攻击，不被对方的攻击伤到。如果你很受伤，往往是做不到再去发现对方信号背后的需要的。

如果你现在还做不到，没关系，开始强大自己的内心，以后也是有可能做到的。而这对于经营亲密关系是非常重要的。

反过来，如果你读懂的信号较多，知道对方是在表达自己的需要，也是容易不再被对方伤到的，这种情况下，你的心理学知识成了保护你的盾牌，这也是知识的力量。

也有一些攻击，没有那么明显，需要你用心思考之后，才明白他是在表达需要。

比如：

之前他打电话你没有及时接，现在你打电话他也不及时接了；

之前他的亲戚朋友要向你们借钱时你不同意，现在你的亲戚朋友要向你们借钱他也不同意；

之前他忘东西时你指责他，现在你忘东西时他也指责你；

等等。

这些都是报复，是人们在亲密关系里很常见的表达需要的信号，使用的也是行为而非直接的语言，目的在于通过让你体验一下你曾经让他体验过的感受，进而可以理解他的感受。

并且，这个过程对方可能是有意识地在做，也可能是无意识的过程。

发生这些事情的时候，如果我们可以理解到这一层，通过对方的报复行为看到对方的需要，进而给予适当的滋养，以后发生类似事情的概率就被降低了。

还比如：

原来回到家里积极做饭、做家务的他，现在下班回家不积极做了；

说好的周末带孩子出去玩，到了周末他却不起床，一直睡到大中午；

你让他下班路上捎一盒隐形眼镜给你，他到了家却给忘了；

等等。

这些有时也是攻击，但不是像发脾气一样是明显而强烈的攻击，而是以一种更加隐秘的方式进行，心理学称之为隐性攻击，通常是在关系中弱势的一方对强势一方进行攻击的方式，也可以理解为有些人不敢直接攻击，就会不自觉地采取这样的方式表达不满，也有可能，他们自己对此并不自知。

如果在亲密关系中，你遭遇到了这些，你可以去思考一下近期是否有什么事情你让对方失望了，或受委屈了。你也可以直接跟对方谈一谈，告诉他你观察到了他最近不太对劲，是不是心中有什么不满，可以说出来。

需要注意的是，如果他说出来后你是理解和接受的，他以后更愿意说，如果你不接受，他以后会更加不愿意说。

还有一类需要的表达是更为隐秘的攻击，隐秘到看不到一点攻击和需要的影子。

比如：

你每年的生日他都会给你精心准备礼物，做一桌好吃的饭菜。

而如果你对生日是否有礼物，甚至是否要过生日并不介意的话，那很有可能这是对方把他的需要投射出来了。也就是说，他希望你记得他每年的生日，精心为他准备礼物，做一桌好吃的饭菜，这是他的需要。

人们会把自己的需要推己及人地认为别人也有类似需要，这是人们用来理解他人的重要方式。但是当一个人这样做时，也暴露出了他内心的需要，通过观察他是如何对待别人的，特别是别人并不是特别介意是否被那样对待时，我们就可以了解到这个人内心深处的渴望与需要。

再比如：

当你生病时他会请假陪你去医院；

当你说想吃什么好吃的的时候，他会放下手头的事情第一时间来给你买或做；

当你获得一些成就时，他会表扬你；

等等。

这些都有可能是对方纯粹地在关爱你，但也有可能是他内心也有这样的渴望，投射给了你。

如果是这样，当他做了很多这样的事情后，如果你不这样对待他，他心里就可能对你充满怨言，而当这些怨言积累到一定程度的时候，就可能会爆发出来。如果这时他把这些事情罗列出来，你可能会感觉到自责和内疚，所以，这些做法本身也可以说是一种攻击性的表达。

除了在亲密关系中，这样的表达方式可以说充满了各种人际关系。

我有一个朋友，他记得周围所有人的生日，每当这些人过生日时，都会收到他的祝福。但实际上我了解，周围的人中有些人是不在乎这件事情的，这就说明，这是他的需要，在投射给周围的人。

把他的信号翻译过来就是：我希望你们都能记住我的生日。

更进一步理解他的内在需要是：希望我在你们所有人心中是重要的。

是否满足对方需要的标准是什么

任何时候，人的承受能力都是有限的，身体心理皆如此。

当一个人在生命的早期体验到了超过那时他可以承受的痛苦后，他就会感觉自己是弱小的、无助的，无法应对生命中遇到的各种困难和问题，这样就可能会留下当时发展阶段所具有的依赖性。

实际就是早年有需要得不到满足，或者没有需要也被迫满足，他只能适应和顺从。

所以，依赖本身既是一个特点，又是一种信号，一种向外传递的自己很弱小无助的信号。如果你的爱人有依赖性，比如凡事都想要请别人帮助，说明他感觉到自己的内心是没有能力的，他希望别人可以帮助他应对人生。

当然，当你把这一点指出来时，他很有可能是拒绝承认的，因为承认自己的脆弱是需要很大内在的能量的。

另外，有依赖特点的人，如果他自身又很难接受自己的这个特点，为了让人满足他的依赖需要他也可能是很强势和控制的。

比如别人不满足他就发脾气、使性子等。

还有的人会把自己的责任推给对方，其目的也是为了控制对方，比如说，"都是因为你我才成为今天的样子的"。

当我们理解到这些都是为了依赖，都是因为他内心过于弱小无助时，就比较容易接受他们的这些特点，进而滋养到他们了。

当一个人内心感到弱小无助时，还可能会理想化自己和别人，所以，当我们看到一个人有理想化自己和他人的行为时，也是在表达需要。

比如：

抬高自己和贬低别人，过度想要证明自己是有能力的，喜欢夸大事实，喜欢表现自己，都可能是想要摆脱内心的弱小无力感或无价值感；

见到一个并不了解的人，因为对方的某些优势或强项，就觉得对方是完美的并想接近，是渴望与理想化的人融合，让自己也变成理想化的样子，这样就可以摆脱内心的弱小、无助、自卑、无价值感等感受；

生活中人们对于偶像的过度追捧，就有着浓厚的理想化色彩，实际上偶像本人到底是怎么样的，人们并不了解。

关于依赖的滋养方法，后文我会详细介绍，这里不再展开。

关于理想化他人的人，前文我介绍过的"承认自己不够好"的方法对他们是有较大滋养作用的。除此之外，当他们遇到挫折时，往往会比较挫败，这时如果可以跟他们的痛苦在一起，也就是共情，对他们也是有较大滋养作用的。因为这等于是跟他们的弱小无助感在一起了，就可以帮助他们提升对这些痛苦感的承受能力。

关于这一点，我在下一章重点展开叙述。

这里我们先回到信号的话题，除了上面我介绍的几种明显的信号之外，可以说，一个人在生活中的一言一行，穿衣打扮，为人处世，都有可能成为这个人表达需要的信号。

每个人所做的会让我们感觉好或不好的行为，也都可能是在表达需要。比如讨好行为，会让我们感觉好。但如果仔细去感受是可以感受到讨好者内心对爱的渴望，以及对于被拒绝的恐惧的。

特别是当我们跟对方相处过程中有冲突和矛盾的时候，我们可以问问自己，对方通过这样的方式在表达什么需要呢？

这样，关系中每一次的矛盾、冲突，甚至冷战，就都是一次你用来理解对方，进而知道如何滋养对方、经营关系的机会。

毫无疑问，信号的强烈程度，本身就表明了需要的强烈程度。越是痛苦的事情，人们的信号越强烈；越是痛苦的事情，越是需要被及时满足。

所以，除了涉及边界的事情外，如果你要去满足对方的话，一定是越痛苦的事情越要去满足，也要越及时回应，比如对方跟你发脾气、委屈、伤心、哭的时候。

　　而那些不满足对方也并不痛苦的需要，或早满足也可以、晚满足也可以的事情，你可以有空了满足，没空也许就算了，反正对方也不介意。

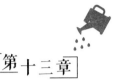

第十三章
痛苦因共同面对而减轻

当一个人想搬一个重物时搬不动，我们都知道如果叫一个人来帮忙，两人一起抬就汇集了两个人的力量来共同负重，可能就搬起来了。

很多医院的妇产科现在也鼓励产妇在生孩子时让丈夫在旁边拉着产妇的手，这样分娩过程中的痛苦、焦虑、恐惧就会减少，出血量也可能会减少，分娩过程会更加顺利。

这些做法其实都基于一个原理，共同承担。面对一个重物时，一起抬就分担了重力。面对分娩带来的身体和心理上的痛苦感受时，一起面对，痛苦感受也就被两人分担了。

这也是为什么关系对人类那么重要的原因之一，因为活在关系里，我们减少了孤独；因为活在关系里，有人和我们一起共同面对和分担痛苦与压力。

生活中遇到朋友失恋了，我们去陪伴一下，就是在关系里与朋友共同承担他的痛苦感受，对方会感受到被关心、支持、温暖，进而痛苦减轻。

亲密关系，是最亲密、融合最深的人际关系，也最能帮助彼此共同面对痛苦。处于亲密关系中的每一个人，都自然地站在那个最能替对方承担痛苦的位置上。

然后，只要在对方内心出现痛苦时愿意与对方共同承担，对方的痛苦自然就会减轻。

对于对方的内心而言，痛苦的减轻，换一个角度就是承受痛苦能力的提升，不可承受的也就可能会变成可承受的。这个过程，虽然借助了外界的帮助，但实际上让对方获得了一次面对那些痛苦的过程，对方会因为这样的面对内心得到成长，还可能会形成这样的经验：那些痛苦原来是可以承受的，并不像我想象的那样可怕。

面对痛苦，人们往往会采用过去的经验来应对。过去觉得可承受的，现在会去承受；过去觉得不可承受的，现在还往往会继续防御、回避这些痛苦。这也是为什么人们内心的那些痛苦还大多被防御在内心的原因。

157

这时内心的体验一直是: 那些感受太可怕了, 我承受不了。

除非, 有一个重新面对和承受的过程。

允许痛苦, 痛苦才会消失

有多位来访者都说过类似的话: "他要是离开我的话, 我好像就要死了一样, 这种感受太痛苦了, 我承受不了。"

但经过我的一段时间陪伴, 以及对他们痛苦的理解和感同身受, 他们都会觉得那种要死了一样的痛苦感受减轻了, 最后消失了。这就是不可承受的感受变得可以承受了。这也是心理咨询的一个重要功能: 通过陪伴与来访者共同面对痛苦。

实际上, 人在童年经历一些创伤事件时, 如果在当时就能得到大人的理解和关心, 就不容易导致创伤的形成, 因为不可承受的痛苦可能会因为大人的介入变得可承受了。

比如在外面被人欺负了, 回家之后如果父母可以让孩子把内心痛苦的感受讲述出来, 并给予理解和支持, 这些痛苦就不是孩子一个人在承担了, 而是由大人与他们在共同承担和面对。原本无法承受的痛苦, 现在可能就可以承受了。

而父母要做的也许就是对孩子说:

"你没有拿他的书, 他偏要说你拿了, 你觉得很委屈。"

就已经跟孩子的感受在一起了。

从这个角度看，人们内心之所以会留有童年创伤，都是在生命早期的一段时间里或某些时刻缺少可以跟自己的痛苦感受在一起的人。忽视、入侵，都有着对儿童内心的痛苦视而不见的色彩。

同样的道理，爱人如果遇到一些事情导致痛苦情绪较大时，很多时候仅仅是你愿意聆听并理解他的感受，就可以帮助他减轻这些痛苦的程度，并提升他承受痛苦的能力。

更进一步讲，成年人是很少会遇到新的可以带来创伤的巨大痛苦感受的，对于成年人来讲，无法承受的痛苦感受通常都是儿时的创伤被触碰到了，那些被防御起来的痛苦的情感被唤醒了。因为人格形成的关键期，正是童年时期。

比如被单位辞退时所感受到的挫败感也许就是唤醒了儿时被父母拒绝或否定时的痛苦感受。

如果你在此时可以跟他的这些痛苦感受在一起，你其实就有了一次帮助他一起承受这些痛苦感受的机会。

就像前面说过的，这就创造了一种可能性，那些儿时无法承受的感受，现在因为你愿意跟他一起面对，就变得可以承受了。真是这样的话，你其实就帮助他疗愈了儿时的一些创伤。

不只是爱人之间，所有愿意向我们敞开心扉的人，我们都有机会帮助到这个人。只是生活中太多人不懂得疗愈的原理或做不到，在人们敞开心扉时，很多人不但不能共同承担还常常带来新的痛苦。

在"爱的能力"课堂上，经常有同学在一些课程练习环节里唤起一些与父母相处过程中的伤心或委屈感受，这个时候，如果我不加以干预的话，也经常会有人去劝这些同学：

"父母肯定是爱你的！"

"父母当时也是不懂！"

"他们也不是故意的！"

而被这样劝的人，一般会感觉到心烦，想远离这些劝他们的人或让这些人闭嘴。

这样的劝说，都是想直接通过认知来改变那些同学的内心感受，但人的感受是不能被这样简单地改变的。

如果我们想做些什么来帮助别人减轻内心痛苦的话，方法就是允许他们那些感受的存在，同时进入到他们的那些痛苦感受里，并表达出你的感同身受。然后因为我们的陪伴和理解，也就是共同承担，痛苦自然就会减少，直至消失。

影响我们理解对方感受的因素

这里会遇到的问题是，很多人常常不能够进入到对方内心的那些痛苦感受里，这背后的原因，往往跟自己的心理状态和内心感受有关。

一、承受攻击的能力弱的人

首先，亲密关系中对方的痛苦很多时候都是由我们唤起的，如果这时对方指责和否定我们，而我们无法承受这种指责时，就容易发生争吵，当然也难以进入对对方的理解中去了。

比如

无法承受指责时：

"你太自私了！"

"我怎么自私了，我要是自私，我会……"

可以承受指责时：

"你太自私了！"

"发生什么了？我做了什么让你有这样的感觉？可以给我讲讲吗？"

而对指责的承受能力，也正是前面讲过的对攻击的承受能力，越是内心有力量的人，越是能够承受；越是内心脆弱，越是无法承受。

二、从小不被照顾感受的人

如果一个人从小较少被关注过感受，父母都是用讲道理的方式来对待他的感受的话，长大后他理解世界及与世界互

动就可能都是靠理性和逻辑的，他也可能根本就不懂得如何关注别人的感受，而只会讲道理，也有可能他甚至无法理解别人怎么会有那么多感受。

这种情况下，别人的负面感受，会让他感觉到困惑，甚至是愤怒。他当然也就无法和别人的感受在一起了。

不过，本质上，在他们看似强大的理性和逻辑的背后，内心往往是弱小的、无助的，他们无法用自己的真实感受来和外界互动，只能靠理性。

他们当中最严重的，是被心理学称之为拥有"分裂的智力"的人，这是因为在婴儿时期父母无法适应他们的需要，照顾不到他们的感受，使得他们的智力过早地开始启动了，而不是感受的能力。他们需要通过智力来过早地适应环境，但内心依然是弱小的、充满恐惧的，甚至是隔离的。感受能力、爱的能力也都缺失了。

于是他们可能会从小就是天才，智商过人，学习成绩较好，但长大之后，他们适应社会往往会出现困难。是典型的高智商、低情商，严重的，甚至无情商。

跟这样的人在一起你会感受到他们是没有感受的，有的只是不停地在思考"为什么"。他们尝试用理性来理解一切事物，遇到感受层面上的事情后，他们理解不了，当然也无法进入别人的感受。

三、从小不被允许脆弱的人

也有人在看到别人痛苦时，觉得那根本不算什么事，也就不愿意聆听和进入对方的感受了。

比如有人看到别人因为工作中丢了一个客户而特别地难过和着急，就觉得不就是丢个客户吗？至于那么难过吗？

他们是把自己内心对工作的感受投射给对方了，以为别人都跟自己一样，自己不难受的事情别人也不应该觉得难受，根本没有进入到对方的感受里去理解这个客户对于对方来说有多么重要。这是典型的把别人都看成跟自己一样的了，忽视了人与人是有差异的这一点。

所以我们会听到很多这样的声音：

不就是失恋了吗？至于那么难受吗？

不就忘了个结婚纪念日吗？至于那么生气吗？

不就说了你一句吗？至于那么伤心吗？

等等。

但凡使用"不就……至于……"句型的，其实都是用自己的感受在套对方的感受，都没有真正地试着进入到对方的感受里，也都没有跟对方的痛苦在一起。

不过，他们并不知道，在内心深处，他们也并不一定是他们以为的那样对这些事情都无所谓。而是也有可能他们内心也和别人一样，遇到这些事情是有痛苦的，甚至比别人更痛苦，但因为他们不能接受自己的脆弱，或者无法承受那些脆弱带来的痛苦，隔离了自己的那些痛苦感受而已。

而这往往是因为他们儿时的父母不能接受他的脆弱和负面情绪导致的。

比如小时候喜欢的玩具坏了，他们哭的时候，有的父母会说："不就坏个玩具吗？哭什么哭？"

或者干脆要求他们："憋住，不准哭！"

儿时他们的父母不允许他们有脆弱和负面感受，长大了他们也不允许别人有脆弱和负面感受，他们通过这样的方式把自己变成了儿时的父母。

四、羞耻感过强的人

还有，如果对方痛苦的事情让你感觉到了羞耻、丢人，你可能也没办法进入到他的痛苦中去了。

比如：爱人在菜市场跟卖菜的吵了一架，如果你觉得跟卖菜的吵架是一件很丢人的事情，即便你看到爱人在生气或委屈，你可能也无法进入他的痛苦感受里了。你甚至可能会再指责他一顿。

会跟别人吵架，尤其是在公开场合，很可能是他内心的某种痛苦感受被触碰到了。比如感受到被嘲笑、冒犯、羞辱、不尊重等，也可能是迁怒，在领导或客户那儿受了委屈积累了一肚子的火，随便任何人一激惹，愤怒就宣泄出来了。

但如果你有较强的羞耻感，你会容易陷入自己的感受里，去指责对方，也就没有了机会跟对方的痛苦在一起了。

羞耻感往往与自恋有关系，虽然正常情况下，每个人都有羞耻感，但越是自恋的人羞耻感越强，也就是越要面子。所以我们也可以换个说法来理解这件事情，即如果你是比较自恋的人，需要借助自己拥有的来证明自己是不是好的人，在亲密关系中往往在意的就是对方是否让自己有面子，而不是对方的痛苦了。

这个时候，只有你先觉察到自己的羞耻感受并穿越它，或者说降低自己的自恋水平，你才有可能愿意进入他的痛苦感受里去。

五、处于痛苦和压力之中的人

再有，当我们自己处于痛苦和较大压力之中的时候，我们通常也没有能量再去关注对方的感受了。没有人的生活中是没有痛苦和压力的，但如果你经常感觉到痛苦和压力也可能意味着自己承受了太多，整个人处于精力耗竭状态了。

这个时候，可以考虑一下是不是可以给自己减少点压力，有些事情从长计议，慢慢达成。或者求助专业人士的帮助。让自己从痛苦和压力中走出来，不但可以让自己更轻松幸福些，也更有精力跟对方的感受在一起。

总之，爱人感到痛苦的时候，是需要支持和理解的时候，

也是可以滋养到他的时候，如果你能接受他的这些感受，就有机会进入他的痛苦感受里帮助到他；如果你接受不了他的这些感受，就失去了这个机会。

在意识到接受不了对方的感受时，如果我们可以借助这个机会，问问自己为什么接受不了对方，是不是我们自己内心什么样的痛苦感受被唤起了。

是的话，我们就有机会先进入到自己的痛苦里，等自己的痛苦被看到和接纳了，内心平静下来之后，我们还是有机会进入到对方的痛苦感受里的。

之后，当我们试着进入对方的痛苦之中，我们就是在跟对方一起面对这些痛苦，这时，不可承受的痛苦，就有机会变成可承受的了。

第十四章
没有评价的聆听，就是滋养

　　如果你遇到了爱人因为你玩游戏或追剧，而没有关注他这一类的事情跟你发脾气，就像前面说的，很可能就是这件事情唤起的痛苦感受对他而言有些强烈，甚至不可承受。

　　脾气发得越大，痛苦可能就越强烈，越不可承受。

　　面对类似这样的情况，我们要如何做才能滋养到对方呢？

　　我知道接下来我说的方法在对方发脾气的时候，对于我们很多人而言，做起来都挺困难的。所以，如果我们在当时做不到，可以在双方都平静下来以后再这样做。这同时也是亲密关系中两人有了冲突、矛盾之后想要修复关系时需要做的事情。

这个方法说起来其实非常简单，就是请他说说为什么会有这么大脾气，这件事情对他而言为什么这么重要，关于不被关注他都有过哪些记忆和感觉，或者这件事情让他想到了什么。

就是让他述说一下内心深处的感受和想法，这个过程中，千万不能有指责和评价，而只是对他的感受保持好奇。如果他愿意说，这个述说的过程就是他在跟他的痛苦感受在一起的过程，他的一些痛苦就会被感受到。

比如他可能会告诉你，他儿时感受到在父母心里是如何不重要，父母经常忙工作或者打麻将而不管他。之所以会跟你在一起，就是因为以前你让他感觉很重视他，关注他，你甚至愿意在工作时间里放下工作来陪伴他。但是最近一段时间，你天天打游戏或追剧，他觉得在你心里没以前重要了。

这个时候，如果你愿意去聆听他的内心，其实就是一种陪伴和共同面对，对对方就有滋养作用。前面说过当一个人在述说自己的痛苦时，就是在面对那些痛苦了，那些被防御起来的痛苦在被说出来的那一刻就被体验到了。

而体验之后，人自然会有适应的能力，也就会变得不再痛苦。

儿时我们无法承受的痛苦，其实是有个前提的，就是我们还是个孩子，承受能力非常有限。长大后实际上这些痛苦通常是可以承受的，但我们的记忆和感受还是觉得这些痛苦是无法承受的，所以我们会继续回避这些痛苦，除非我们真的再体验一遍。

这个过程有点像我们小时候觉得家离幼儿园或小学挺远的，但等长大了以后有机会再走一遍时发现原来根本就没有记忆中那么远。

所以，当人们生活中遇到唤起痛苦的事情时，如果有人愿意听自己说说，说的过程本身就是一个重新体验那些痛苦的机会。

从滋养的角度讲，这个时候聆听就是滋养。

当然，也有人在这种时候不觉得自己现在的痛苦与儿时有关，只是一味地觉得是你做得不对。这种时候，不再去问他的感觉和记忆，直接承认自己做得不完美就可以了，这就对他们有滋养作用。

比如，"抱歉，我最近的确是迷上了游戏（或电视剧），陪你少了些！"。

有时候，仅仅是这样的承认自己做得不到位，就能让对方更加可以承受没有被满足，接受真实的你。反而是越争论、反驳、指责，越让对方无法接受真实的你，也无法提升承受的能力。

以后当双方都放松下来或有心情的时候，也是可以再回头去聊聊当时他的那些感受和记忆的。

比如，"我有个好奇的事，在你小时候，你爸妈忙吗？经常陪你吗？"。

述说是如何疗愈人的

精神分析流派认为，每一个想学习精神分析的咨询师，都需要接受长期的精神分析，业内称为个人体验。这是一个非常直观的学习精神分析技术和方法的过程，借此也可以更加理解作为来访者在被分析时是一种什么感受。更重要的是这可以使咨询师内心的创伤被疗愈，变得更加强大和稳定，而这是在为来访者做咨询时非常重要的心理基础。

在我做个人体验的时候，曾经有一年多的时间里，每周都是我去了之后半躺在一个沙发上，然后自己一个人从咨询的开始说到最后。

我的咨询师坐在我背后的椅子上，除了开始时问我"可以开始了吗"和结束时说"今天就到这里，下周同一时间我们再见"以外，经常是全程50分钟一言不发，任由我想到什么或感受到什么就说什么。

但这段时间的体验对我的帮助却非常大，不但让我想到

第三部分
深深地懂得，才能深深地滋养

了很多被压抑起来的事情，还帮助我面对了内心不少的痛苦和恐惧。

而我的咨询师使用的这种咨询方法就是由弗洛伊德发明的精神分析流派最经典的治疗方法"自由联想"，其原理就是自由的述说本身就是具有很大的疗愈效果的。

我们说得简单点，就是痛苦被说出来就是面对。人们内心真正承受不了的痛苦，人们不只是不敢说，甚至是连想都不敢想。

我曾经看到过国内一位亲子教育专家在她的书中写到，她害怕一种动物，怕到都不敢在书里写出那种动物是什么。实际就是因为如果她写出来的话，她就要面对内心的巨大恐惧。那种恐惧太大了，大到了她无法承受的地步，所以，她连写出来都不敢。实际上这就有想都不敢想的意味。因为写出来就会想到。她当然也不敢说，因为说出来和写出来一样，都会想到。

而如果有一个让她觉得安全的人在聆听和陪伴她，可以与她一起面对那些恐惧，也许她就可以慢慢试着想一想，甚至说出来或写出来了。

在身边有人遇到巨大的痛苦时，如果他们一直憋着不说话，人们也常劝说"说出来就好了"，这也是人们意识到语言的疗愈效果。

很多人也有这样的认识，那些变得极端和做出过激事情的人，通常都是不爱说话的人。因为不爱说，也就没有人听，他们的痛苦就只能自己承受，承受不了时，就容易被情绪驱动着做一些过激的事情。

一旦他们愿意找人说说，就是在体验那些感受，听的人只要不评价他们，哪怕没有表达更多的理解的话，也是对他们有帮助的。

有一些人在别人提到过去的事情生气或难过时喜欢说"过去的事情就不要再提了"，实际上过去的事情发生了，如果有情绪在心里，不提就没有给情绪出口。之后即便嘴上不提了，心里的感受还是在的。

恰恰相反，让人们把情绪表达出来，并给予理解，人们自然就会以后不再提，因为对那件事没感觉了。

在"爱的能力"课程中，有一个练习环节是让一个同学对另一个同学述说自己内心的一些痛苦感受，我对另一个同学所做的要求就是只听不说。课程结束后很多同学都有被一定程度疗愈了所说痛苦的感觉，而实际上全程也只是他们自己在说。

我和爱人现在每天早上醒来，只要前一晚上做了一些印象深刻的梦，基本就会彼此分享。并且会说说自己在梦里的感受让自己想到了什么。这个聆听对方分享梦的过程，其实也是跟对方内心深处的感受在一起的过程。因为梦是潜意识的呈现，有些内容会出现在梦里正是自己内心深处的感受，想要从潜意识里浮现出来的结果。

通过聆听，可以帮助对方更好地识别梦里的感受，进而跟自己的感受在一起。梦，也是精神分析学派特别看重的内容，精神分析学派的建立正是从弗洛伊德出版《梦的解析》一书开始的。

述说本身即是一个体验的过程，也是一个自我整理和整合的过程。在述说的时候，人们会用当下的经验、感觉、认知来重新加工以前的经历和体验。当痛苦不再那么强烈时，人们对于同一件事情的认知和想法也有可能会发生改变。甚至会看到以前看不到的不同的角度，感受到以前感受不到的感受。

在我的课堂上，经常有学员告诉我，在经历了课程中的一些针对儿时发生的事情的疗愈环节之后，他们对父母的感觉，会由原来的怨恨变成温暖和感恩。这都是当内心不再痛苦了之后，那些原本就存在的爱被整合到意识当中了。

所以，在亲密关系中，当对方经历一些痛苦的事情时，仅仅是听对方说出自己经历了什么和内心的感受，就是有滋养作用的。

在听完对方的述说之后，如果你能给予共情，对他的帮助会更大，但如果你真的不知道说什么，你甚至可以坦诚地说："听完你讲的之后，我感觉你很难过，不过我也不知道说些什么好！"对方可能会说："没关系，跟你说说我就感受好多了。"

即使这样，你也已经帮助到对方了，而且帮助很大。比起那些说"你要想开点，过去的事就让他过去吧"或"人活一辈子谁还不遇到点事啊"的话强太多了。这些做法是没有跟对方的痛苦在一起的，是让对方一个人承受痛苦。

如何让爱人愿意分享更多感受

前面讲的是在对方遇到一些事情时，你可以通过聆听滋养对方。实际上这个过程也可以通过你的主动和好奇来进行。不只是你们之间的事情，生活中发生的种种事情都是你可以用来了解和聆听对方的机会。

比如，你发现他和他的某个血缘关系很近的亲戚不太来往，就可以对此有所好奇，在合适的时候问问对方以往有过什么样的一些事情发生，也许他就会告诉你一些过往发生的不愉快的事情。

再比如，你发现他在回避某一类型的事情，如与某类人打交道等，就可以对此保持好奇，问问对于那些事情他是什么感受。

等等。

任何生活中发生的有些特别的事情，都是你可以保持好奇的地方，这也是对对方的关心。然后对方也许会说出一些事情和感受，也许不说。

当他说时，如果你全然地聆听，不打断，不评论，不指责，不批评，仅仅是听的过程就是与他内心的感受在一起的过程。在这个过程中，也许他的痛苦感受并不强烈，那也是正常过程，仍然是有滋养作用的。因为内心深处的痛苦并不一定都那么容易就会被他全部感受到，需要一个过程。

当他不说，也许是没有做好准备，也许是觉得你并不能接纳和理解。你如果能允许，等他觉得做好准备或觉得你可以接纳和理解时，就有可能愿意与你分享，这个时候你再好好聆听也是一样的。

在这个过程中，有两点会影响你的聆听：

一是你的注意力根本就不在他身上，对他并不关心和好奇，你也就不会有这些好奇和关心，当然也就没有机会聆听到他内心深处的感受。

如果是这样，也许你可以问问自己，为什么对他会没有关心和好奇。

二是你的评价，当他在述说时，不管你有没有说话，只要你心中有了评价，你往往就没有办法进入到他的感受里了。

当然，如果你把你的评价说出来，他可能连说也不会说了，这也是很多爱人之间时间久了不再交流内心感受的原因。说了会被对方批评、指责、否定，所以干脆不再说，也就不会再被这样对待，这是一种保护。

所以，在遇到对方不愿意跟我们表达感受时，我们也要问问自己，是不是对方说的我们大都能接受，还是会批评、指责、否定对方。

如果你心中有评价，但没有说出来，情况会好一些，他会继续说，就像前面说过的，述说本身就是他在面对的过程。但你心里的评价会影响你表达出对他感受的理解，也就是共情。

你的评价，往往与你内心的脆弱和痛苦有关。当人们内心的痛苦被触碰到，为了不让自己痛苦，人们会倾向于攻击或改变对方，这时就容易出现批评、指责、否定了。

比如，你忘了对方交代的事情，你心里如果无法接受自己的这个疏忽的话，也就是无法接受自己不完美的话，就可能会指责对方："你也太敏感了吧！""不就忘了嘛！""你不也忘过我交代的事情吗？"等等。

如何让对方感到你是真的理解了他

在聆听之后，如果你能准确地说出对方的感受，也就是共情，就能够让对方感受到被深深地理解，这时你也就是更深地与对方的痛苦在一起，共同承担了。

比如：

"你妈妈宁愿去打麻将，也不带你，所以你觉得你在她心里还没有麻将重要！"

"我以前喜欢陪你，而你跟我在一起好像就是想要这种被重视的感觉，现在我关注你、陪你少了，你肯定很失望吧？"

这些都是向对方表达理解，也就是共情的方法，说出的都是对方内心的感受，其重点都是听完对方的述说后，把对方说出来或没有说出来的感受表达出来。

说出对方已经表达出来的感受，可以让对方感受到你是真的理解了他，他会有你跟他在一起的感觉。

说出对方没有表达出来的感受，可以让对方意识到那些没有被他意识的感受，更深地滋养了他。

除此之外，当你听完对方述说之后，除了感受到对方的感觉外，你也可能会有自己的感受被唤起，说出这些感觉，也是进入到对方的感受里，与对方一起面对。

这种方法其实是述情在共情时的运用。

述情本来的意思是自己有什么感受了告诉对方，以希望对方可以理解自己。实际上，在表达共情时，一样可以使用述情的方法，而且有时候效果很好。

人的感受是流动的，你的感受会带给对方感受，对方的感受也会带给你感受，这也正是两个人的心在一起的感觉。

对方跟你说了一件他曾经历过的危险的事情，你听完之后，如果你也感觉到后怕，甚至有躯体感受，比如汗毛竖起来，头皮发麻，把这些感受说出来就是对对方的共情。因为这些感受通常也是对方的感受。

"你讲的时候我感觉心都提起来了！"

"听完我汗毛都竖起来了！"

"听得我头皮发麻！"

或者如果对方讲到的是伤心的事情，如果你也感受到一些伤感，你也可以说出来。

"听你讲完那些事情，我也感觉到挺伤感的！"

这些都是受对方感受的影响所产生的感受，像是同频共振一样，说出自己的这些感受，就是说出了对方内心的感受，对方就会觉得那一刻，他被深深地懂得了。

如果你愿意，可以做做下面的练习，看看当你阅读下面的文字时，内心会有什么感受。在实际的生活中，把你内心的这些感受表达给对方，就是共情。

　　我小时候就是大家常说的留守儿童。那时父母都到广州打工去了，我跟着爷爷奶奶一起生活。

　　每当看到别的孩子跟爸爸妈妈在一起时，我就特别羡慕，不自觉地会想念爸爸妈妈，可是他们往往一年才回来一次。每每快到春节的时候，我就常常站在窗户边向外望，希望他们能忽然就出现在门口的马路上。

　　每次他们一回来我就特别高兴，重要的不是他们给我买衣服和好吃的，而是天天可以跟他们在一起，特别地幸福。晚上跟他们睡在一起，兴奋得睡不着。

　　那时每天都特别害怕春节过完，希望时间可以走得慢一些，因为一过完年他们就又要走了。再见到他们，又要等一年的时间，太漫长了！

　　觉察一下，看完这段文字，你有什么感觉：

_____

_____

_____

　　我从小父母身体都不好，兄弟姐妹又多，很早就要帮家

179

里干活。记得我刚开始牵着牛帮父亲一起犁地时，也就五六岁，那时我的头还没有牛的嘴巴高，夏天天热，牛经常舔我的头，牛的舌头上有刺，被它舔到后再被太阳一晒，感觉火辣辣的。

收粮食的时候，要把粮食往袋子里装，我经常帮助父母撑着口袋。由于人小个子矮，也就比口袋高不了多少，需要用两只手撑着然后再用嘴巴咬着一个边，形成一个三角，好让他们往里灌粮食。但粮食都是在地上晒的，里边有很多土，随着粮食被灌进口袋的那一刻，尘土经常会向上飞扬，经常弄得鼻子里、嘴巴里全都是土，吐出来的唾沫都是土的颜色。

觉察一下，你有什么感觉：

_____

_____

_____

试着再觉察一下，你阅读这些文字时心里是什么感觉？身体有什么感觉？眼睛里有什么感觉？如果你觉察到了一些感受，把这些感觉全部告诉对方，对方往往会觉得被你深深地理解了。

当然，一定是你的真情实感，有什么感受就是什么感受，没有感受就是没有感受。

如果你有下面的这些感受，可以这样说给对方：

"听你说完，我有一种想哭的感觉，心里觉得很伤感，眼睛里有泪想要流出来，但又流不出来！"

或者："听你说完，我感觉心里有些疼，心疼那时的你！"

这样的表达，本质是你真的在那一刻进入到对方内心了，并且感受到了对方内心正在体验到的感受，是真的与对方的痛苦在一起了。也有一种可能，虽然你感受到了对方内心的感受，但对方并没有感觉到，这很有可能是对方跟自己的感受，或者是那些痛苦之间有了距离，不太能感受到。

这种情况下，表达出你的感受，有利于对方跟自己的感受进行连接。这样的滋养，具有了疗愈的作用。

不过，要做到这样的表达，其实是要有个前提的，就是你是一个善于表达自己感受的人，如果你不善于表达自己的感受，这样的表达就可能会有一定的困难。真是这样的话，可以试着表达表达看看，凡事都有开头，有时候表达着、表达着，就养成习惯了，也就成为自己的能力了。

除此之外，如果你爱的人刚刚经历了一些痛苦的感受，不管他有没有述说，你都有可能会有一些感受，把这些感受表达出来，既可以帮助对方跟他自己的感受在一起，又马上可以让对方感受到被爱，被看见。

"看到你那么难过，我心里感觉到很心疼！"

"这段时间你每天都那么早起床，那么晚才回来，连休息都休息不好，想想就觉得心疼！"

而能说出这样的话，也说明你是真的在那一刻看到了对方。

总之，不管是说出对方的感受，还是你说出你自己的感受，都是跟对方的感受在一起，也都是有利于对方跟他自己的感受在一起的，既可以帮助对方面对那些痛苦的感受，又可以帮助对方跟自己的真实感受联结得更好。后边我们会讲到，跟真实感受保持畅通的联结，是做自己的非常重要的一点。

最深的懂得是满足

虽然说出对方的感受或自己的感受都是共情，但最深的共情并不是语言层面的，而是行为层面的。

比如你知道他喜欢什么，不喜欢什么，把这些说出来可以让对方感受到你懂他，但感觉最好的是他喜欢的那些你多做，不喜欢的那些你尽量不做。

这就像是对他说"我知道你喜欢吃饺子"，和直接给他包饺子吃的区别。

关于语言和行动，也有些人会这样说："说谁不会说啊，得做啊！"

这也是在说，他们在乎的有时候不是你的语言，而是实实在在的行动。

从心理发展的角度来看，人们在生命的早期，是没有语言能力的，这个时候如果有需要，需要的是大人直接满足，而不是语言上的理解。所以，当我们在亲密关系中使用行动来满足对方的某些需要时，如果有滋养的作用，滋养到的可能会是最早期的内心缺失。

而这样默默行动的爱和滋养，不管是在亲密关系里还是其他关系里，都是最能感动人的。

很多人在形容父亲的爱时，往往会给人这样的印象：父亲话不多，也不会表达爱，但他会默默地行动。比如，悄悄地给孩子制作玩具，从很远的地方给孩子带喜欢的东西等。

而这样的父亲为孩子默默做的事情，常常会让孩子回忆起来时心生感动，说明父亲的这些做法，是已经作为一种爱深深地埋在孩子的心中，一直在滋养着孩子的。

就像前面我介绍过的，人的心理发展有很多需要，需要未被满足会形成心理缺失，在亲密关系里的各种不满、指责、抱怨等，都是在索取对需要的满足。

如果我们能从那些日常的不满、指责、抱怨中看到对方的需要是什么，不但不容易再对对方的一些行为起情绪，进而引发冲突和矛盾，也知道了要滋养对方的话接下来要做些

183

什么。

也就是说，从滋养对方的角度看，在亲密关系中发生一些让对方有情绪的事情之后，如果我们意识到这是对方内心的某些创伤被触碰到了，那么，在此之后，那些会触碰他创伤的事情我们就尽量不要再做了，而是尽可能做一些可以满足他内心缺失的事情。

比如：

当你说对方饭做得不好吃时，对方很生气地对你说："你做得好吃，你自己做！"

这就说明他对于别人的否定是很排斥的，背后肯定是这些否定让他痛苦。

也许这些否定正是重复了他父母当年反复做的事情。又或者他因为早年的一些缺失感受过弱小无力是怎样的一种痛苦，于是他希望自己是完美的，进而可以摆脱内心的无力感，这样的他是受不了别人否定的。

应该说，儿时的很多创伤经历都会伤害到人的自恋，而人的自恋一旦受到一定损伤后，就会容易过于渴望得到赞美和认可，而听不得任何对自己的否定和批评。

所以，想要滋养他，当他因为觉得被你否定而生气发脾气的那一刻，你就要有一个概念：这是他的创伤，也是缺失，如果要滋养他，不要否定他，这样就避免了再次触碰他的创伤，让他陷入曾经的痛苦。

与之对应的，是他需要别人多肯定他，这样可以让他确认他自己有能力的地方，变得自信，自信之后就没有那么排斥否定了。

所以，你要做的是以后有机会可以多肯定他，但前提是你肯定的一定是他真实做到的，不能是夸大的，虚假的。关于这一点，后文我会专门展开叙述。

这也是我在前面讲过的滋养一个人的基本逻辑，即通过一些事情明白对方的内心是怎么回事之后，马上就要有这样一个概念：

对他而言，如果要滋养他，什么是要做的？什么是不要做的？

这里我再强调一遍，可以滋养到他的是要做的，通常也就是他曾经缺失的体验。

对他内心发展不利的是不要做的，这些通常也就是儿时他反复体验到的创伤体验。

这样做是滋养，但这不也正是亲密关系中的爱和心疼吗？如果对方手指切菜时受伤了，你肯定不会再故意去触碰他的伤口，而是尽量让他少干活，少接触水。

心理上的伤口也是一样的，既然知道了那是他受伤后敏感的部分，就不要再轻易去触碰，这样对方才能慢慢地好起来。

而且，这种对对方心理伤口和需要的发现，通常也是在你们的互动中发现的，特别是在冲突、矛盾中。因为只有对方感到痛苦的时候，才容易跟你有冲突，这是为了保护自己的痛苦不被触碰到。

如果你能够在一次次的冲突、争吵之后意识到这与对方内心的创伤被触碰有关，并随之做些调整，有所为有所不为，你们的冲突和争吵，也肯定会越来越少。

而你调整之后的做法，如果真正滋养到了对方，他就会慢慢地有所变化，变得没那么敏感和介意了，也就是内心变得更加强大了。

这样一来，你们的冲突和矛盾也会变得越来越少，因为每次冲突和矛盾都被你当作理解对方，进而滋养对方的机会了，因为同样的原因再次导致冲突和矛盾的机会当然就会越来越少。这样，也就会出现亲密关系里冲突和矛盾越吵越少的良性循环局面。

第四部分

~~~~~~~~~~~~~~~~

亲密关系中的五

种滋养

~~~~~~~~~~~~~~~~

如果一个孩子个子长得慢，父母可能会怀疑孩子身体是不是缺了什么营养，然后去医院检查一下。如果检查出来真是缺少什么营养的话，之后就给孩子补一补。所补的这些营养，就是孩子成长身体所需要的必要条件。

同样的道理，心理上的滋养，在一定程度上是对一个人心理发展所需条件的适当满足，这些需要类似于人们成长时身体对食物中所含营养的需要，是人的心理发展所需的必要条件。

想要滋养爱人，我们需要知道这些必要条件具体都是什么，然后对症下药，进行相应的满足。

我们都知道，一个心理健康、内心强大的人是有一些特质的：

自信；

有安全感；

善解人意；

独立自主；

有创造性；

敢于拒绝；

有边界意识；

等等。

但人的这些特质却不是与生俱来的。

人一生下来，只是一个具有发展潜质的婴儿，以后能不能成长为一个身心健康的人，还要看后天的环境和养育质量。身体的成长需要良好的食物和营养，而自信、安全感、独立自主、善解人意等心理特质也是需要在好的养育前提下才能慢慢发展起来的。

就像婴儿在母亲的子宫里是用脐带与母亲联结在一起的一样，当婴儿出生后，虽然身体上的脐带已经剪断，但在心理层面上婴儿像是依然有脐带一样。并且这个脐带必须与一个养育他的人建立联结，然后通过这个联结获得心理发展所需的营养，才能真正发展成心理意义上的人。一般情况下，这个人是母亲。

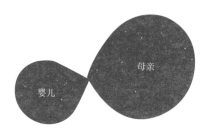

母婴间建立联结，婴儿通过联结获取心理发展所需营养

如果没有这种联结，婴儿依然会是自闭的状态，不知道自己的存在，也不知道别人的存在，这也是婴儿出生后最初的状态。

精神分析认为，一些自闭症的形成就是这个最初的精神联结没有成功地建立起来，整个人依然活在孤独之中，外界的人对他而言和物体没有什么分别。所以，他无法和人真正地交流，所说的话，也往往只是对外界声音的直接重复而已。

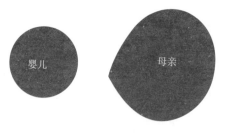

母婴间没有联结，婴儿是自闭状态

　　建立了这种联结之后，就像在母亲子宫里是通过脐带吸收营养、水分和氧气一样，婴儿是在与母亲互动的过程中，通过母亲对自己的照顾与关爱，汲取心理上所需要的营养，慢慢地形成自己健康的人格。

[第十五章]
每个人内心都要住进一个爱自己的人

婴儿，或者说人类，都是从父母的眼睛里认识和形成自己的，就像我们从镜子中知道自己的相貌一样。

对于人类而言，没有生命早期母亲那满含爱与温情的眼睛看着襁褓中的我们，我们根本就不知道自己是存在的。母亲的眼睛，就像是镜子，是婴儿知道自己存在的前提条件。

不止一个来访者形容过这种感觉：

那个人的目光就像光，在黑暗之中，有光我才能存在，没有光，我就是与黑暗融为一体的，很孤独、很恐惧，感觉不到自己是存在的。

他们向我形容的是爱人的目光，但实际上，他们会有这样的感觉，是生命早期缺少母亲的目光导致的。

这个时候，似乎目光、注意力就是那个联结，直接关系到一个人存在与否。

如果一个人出生后，母亲有产后抑郁、家庭里有矛盾、父亲有外遇等情况，就会严重地影响母亲对他的关注和照顾，他就没有那么多机会从母亲的眼睛里看到和感受到自己的存在。所以，会有一些人常常感觉自己没有存在感，甚至感觉不到自己是活着的。

有人研究过有社交障碍的母亲，发现她们在养育孩子的时候，当婴儿用期待的眼神去寻找她们的目光时，她们经常会躲开。这样一来，婴儿也就没有机会从母亲的眼睛里看到自己的存在了。

也有的母亲，自己还活在一元关系中，人格发展得非常差，别人在她们眼里如果都还不是完整的人，她们当然也无法看见婴儿的存在，经常对婴儿的需要视而不见。

比如婴儿需要母亲抱抱来获得安慰，或饿了需要喂时，她们可能正在想要再打一圈麻将把输了的钱赢回来，或整个人被电视剧里的剧情吸引着，任由婴儿痛苦地哭着。

这样被养育大的人，长大后除非有一个满眼都是他、所做的一切都是围绕着他转的人，否则他会很痛苦，并一直想要寻找一个满眼都是他的人。这样的需要，常常使他们的情感关系，甚至人生充满痛苦。

我有一个学员，她出生后，母亲就患上了严重的产后抑郁症，有一两年时间情绪都非常低落，做什么都打不起精神，也根本就没有那么多的精力关注她。而父亲也经常不在家，注意力都在工作上，即便在家，也不怎么与她互动，要么看电视，要么睡觉。

当她谈恋爱后，她要求对方不能跟别的女性有任何的接触，甚至不能看别的女人一眼，不然她就会觉得像要死了一样地痛苦。这使得自身条件非常好的她一直难以进入长久的亲密关系。直到她接受了系统的心理咨询后，才进入了一段稳定的亲密关系中。

从这个来访者的感觉里，可以清晰地感觉到，有爱人的目光她才能感觉到活着和安全，没有了爱人的目光，她马上就感觉到自己像是要死去了一样。似乎对于她而言，爱人的目光直接等于她活着的氧气。

人是通过母亲的眼睛认识自己的

当然，婴儿需要的绝对不是母亲一直傻傻地盯着他看，而什么都不做，这样的目光没有任何意义。婴儿真正需要的是母亲眼中的深情、喜欢、温柔等，但这些都需要母亲的目光一直在婴儿身上。

目光也同时是注意力的象征，没有母亲的目光，婴儿的各种需要都得不到满足，婴儿感受到的只有痛苦，也就发展不到与母亲分离、形成自我的阶段。

感知到自我存在之后，人们需要的就不再只是母亲的目光了，而是会从父母两人的态度中慢慢知道自己是受欢迎，还是不受欢迎，在父母心里自己是否重要，是否足够有价值，等等，这都像是继续通过心灵上的脐带在汲取营养。

这种对营养的汲取的结果，是要让那个爱自己的母亲住到自己的内心里去，内心也变得丰盈、充实、有力量。

这样，以后无论自己到了哪里，都不是一个人，而是一直有个爱自己的人陪伴着自己。

当然，如果感觉到父亲也是爱自己的，住进内心的就不是母亲一个人，是母亲和父亲两个人，只是母亲是那个最早住进去的人，也是对于婴儿早期最重要的人。

而这一点，对于每一个人都非常重要。

每一个人的内心也都必须住进至少一个爱自己的人，这个人才会觉得人生是有意义的。没有一个爱自己的人住在内心，人的内心会是孤单的、空虚的，甚至感觉不到人生的意义。所以，他们也常常难以独处。

一个来访者说：

没有一个爱我的人在身边，我会觉得特别孤独、无聊，干什么都没有意思。

另一个来访者说：

我从小到大，似乎一直在做一件事情，就是找人陪我玩，因为我一个人待不住。

那些能够一个人待着的人，是因为在心灵层面上他们不是一个人，而是两个人或者三个人，因为他们的心里还住着一个或两个爱他们的人。

在潜意识里，那个人或那两个人会终生都陪伴着他，帮助他们耐受孤独、寂寞，克服人生中遇到的种种困难，甚至成为他们人生意义的一部分。

而那些一个人待不住的人，内心里往往缺少一个爱他们的人，是处于真正的孤独状态，这个区别是非常大的。

还有一些人，一旦失恋或离婚就觉得一切都失去了意义，这也是内心没有住进一个爱自己的人的结果，需要在外面找。找到的人一旦离开，就感觉做什么都没有意义。

并且，因为内心是空的，他们在亲密关系中对爱的索取也会更多一些，比如特别在意对方是否把自己放在心上，需要更多的陪伴和联系等，也因此他们在建立亲密关系时也要更困难一些。

人的一些成瘾性行为也通常与此有关，都是为了填补内心的空虚感，但这其实并不能真正地解决问题。

比如：

经常喝得醉醺醺的；

心情不好就吃东西；

家里有很多衣服、鞋子、包等，有一些买了还没有用过，还经常买买买；

经常找不同的人发生性关系；

等等。

与父母的关系是一切关系的原型

同时，父母对待孩子的态度，还会被孩子内化为自己的样子，而父母的形象会被内化为世界的样子。

长大之后，人们会按照这种内化的自我形象及世界的样子，与外界建立关系和互动，而外界也会被他们所影响，变得以接近他们内心内化的父母的态度来对待他们。

具体来讲，人们内心内化进去的是一组关系："自己与父母的关系。"

当一个人感觉自己不值得被爱时，内心一定同时存在着以下两者：

一是一个不值得被爱的自己；

二是一对不爱自己的父母。

当一个人感觉自己值得被爱时，内心也一定对应存在以下两者：

一是一个值得被爱的自己；

二是一对爱自己的父母。

体验到父母当中的任何一个人是深深爱自己的，多少都会让人觉得自己是值得被爱的。但只有那些体验到父母双亲都是深爱自己的人，才会对自己是值得被爱的这一点深信不疑。而那些严重觉得自己不值得被爱的人，往往是从父母双亲那里都得不到爱的，他们内心的爱是严重匮乏的。

成年之后，这些内化的关系会被我们每个人在与爱人的关系中不自觉地重现出来，甚至是在所有的人际关系之中。

只不过，一对爱人之间所建立的情感关系的样子，是关系中的两个人都把自己儿时内化进内心的关系带进来，经过一段时间的相互作用之后形成的。

比如，从小被父母喜欢、满足得很好的人，会是自信的人，这样的人会相信别人是喜欢自己的。

因此，他们在建立亲密关系时更愿意主动，亲密关系中出现一些问题也不会轻易认为是对方不爱自己了。而是会倾向于认为是对方一时的疏忽或贪玩，这样就不会被亲密关系中出现的一些偶然的情况轻易影响到亲密关系的基础。

实际上，他们身上的这种觉得自己值得被爱的能力，是有神奇的魔力的。

那就是，即使对方一开始并不那么爱他们，但因为他们坚信自己是值得被爱的，他们会给对方机会了解自己，觉得对方了解了自己之后是有可能会爱上自己的。并在过程中主动付出与创造机会，到最后就很可能会让对方真的深深爱上他们。

这样的情况，用投射性认同来解释的话，是他们投射出去的爱被对方认同了，进而再被他们自己认同回来。也就是从小被父母爱的人，更容易被人所爱，获得爱情。

如果两个人都是这样的，他们当然会容易建立起亲密关系，并且所建立的亲密关系也会非常地牢固和幸福。

甚至在普通的人际关系中，他们也会更加主动一些，因为他们往往不担心别人是否喜欢自己这个问题，而这也往往让他们更受人喜欢。所以，他们的朋友也会比较多，人际关系较好。

我有一个朋友，他家庭很和睦，事业很成功，朋友也很多。跟他聚会时，经常可以见到各行各业的精英人士。他的言谈举止，给人最大的感觉就是自信。而自信正是一个人觉得我是好的，我值得被爱、被喜欢的具体表现。

而从小被父母忽视或嫌弃的人，感受到的自己是不受欢迎的，不值得被爱的，当然会认为自己是没有魅力的。他们不会轻易地相信别人是爱他们的，别人的爱也很容易就被他们理解为别有用心，这样他们就很难建立亲密关系。

比如，我曾经遇到过一些事业很成功的单身学员，找对象时会过于担心对方是冲着自己的钱来的，只有找到跟自己一样成功或比自己还成功的人才会放心。而这背后的原因就可能与不相信自己是值得被爱的有关。

还有的人，在没有事实依据的情况下，很容易就怀疑自己的爱人喜欢上了别人，严重的甚至觉得只要爱人和任何其他异性有一点儿互动，就是喜欢对方。

看起来是他们觉得爱人不值得信任，实际上是他们内心觉得自己不值得被爱，进而觉得爱人不会爱这样的他们而导致的。

对于不相信自己值得被爱的人而言，即便进入了亲密关系，一旦对方没有满足他们的一些需要，他们就又会觉得对方是不爱他们的。在这一点上有一些人会用一个万能公式来套对方，这个公式是："如果他是爱我的，他就会……"

比如：

如果他是爱我的，他就会愿意迁就我；

如果他是爱我的，他就会舍得给我花钱；

如果他是爱我的，他就会愿意在房本上写上我的名字；

如果他是爱我的，他就会愿意为了我的事业放弃他自己的；

等等。

只要他们愿意使用这个公式，随便发生个什么事情就都能成为他们用来证明别人不爱他们的证据。他们并不知道，是他们内心先有了自己不值得被爱的这样的感觉，然后才把对方的种种行为理解为不爱自己的表象。

这样，对方在他们的内心就和他们的父母是一样的，都是不爱他们的。

这种情况下，他们的情感关系基本也就都是在重复儿时与父母的关系，一直感受到被忽视和嫌弃，很难有长久的幸福。

爱情是改变内心关系模式的最佳机会

亲密关系是最像人们儿时与父母关系的关系，也是最容易被人们把儿时与父母的关系复制过来的关系。这个时候，从滋养的角度来看，也当然是最好的改变对方内在对自己和世界认知和体验的机会。

除此之外，人们通常也就只有在长期的心理咨询中才可以获得这样的机会。

前文我叙述过，当你的爱人爱上你的那一刻，其中一个很重要的动力是渴望你满足他内心的缺失。这也就意味着当他决定跟你在一起时就已经把满足他内心缺失的机会交给你了，如果你想要经营好关系、滋养他，你要做的就是仔细地观察和感受他到底想要从你这里获得什么，然后给予适当的满足。

他跟你吵架、冲突、冷战，当你不明白他真正的需要时，你只会感觉到痛苦或愤怒，然后想要改变或逃离他。

但其实那些吵架、冲突、冷战的做法都在向你传递着信号，做着呼唤。

只是很多时候，我们并不明白这些信号和呼唤背后需要的是什么，也就不知道如何满足和滋养对方。

这些信号背后的需要看起来可能有很多，比如无条件的爱、重视、关心、及时回应、欣赏、信任、空间等。当你不明白这些需要都是什么时，你还可能会觉得好像你怎么做，对方都不满足，经营关系太难了。

实际上，这些需要是有规律的，也是有限的，更是可能被满足的，不然任何不幸福的夫妻都不可能在未来改善他们的关系。

换句话说，那些幸福的夫妻，一定是经常满足彼此内心深处的需要的。

这些需要总结起来，大致有五种，都是人的心理发展需要的必要条件。掌握了这些规律，以后要满足起来也会更加有的放矢。

这些需要是：

1. 成为自己；

2. 体验到价值感；

3. 获得无条件的爱；

4. 确认过在一个人心中自己无比重要；

5. 被喜欢和认可。

儿时这些需要得到适当满足的人，会对应形成坚定的自我感觉。有了这些坚定的自我感觉作为基石，人就会成为一个内心强大的人，就像高楼大厦一定要有地基和柱子一样，这些自我感觉就是一个人的人格大厦的地基和柱子。

人格大厦

这些自我感觉分别是：

1. 我是我自己；

2. 我是有价值的；

3. 我是有资格的；

4. 我是重要的；

5. 我是足够好的。

在每一个人的人格当中，这些地基和柱子的多少和牢固程度不一样，所以，需要也不一样。

我将在之后的篇章分别详细地阐述：

这五种需要具体是什么？

这些需要得到满足或没有得到满足会对一个人的生活产生什么样的影响？

如果你要滋养一个人，针对每一种需要你该如何具体去做？

在实际生活中，你可以根据你爱人的特点，以及你对他发出的信号的解读和需要的理解，有针对性地满足或温和而坚定地拒绝。

第十六章
让他成为自己

孵一只鸭蛋，破壳而出的不会是一只小鸡，只会是一只小鸭。

种一株西红柿，长出来的不会是一株黄瓜，只能是西红柿。

每一个生命，都有它本来的样子，都只能成长为自己的样子，不会是别的样子。

每一个人，都有他独特的基因、先天气质、个人感受等，就像每一个受精卵都会被自身所携带的能量推动着裂变成一个完整的胚胎一样，在每一个人的内心深处也都有着一股能量会推动着他成为他自己。

这是一种本能，也可以说是生命力本身，无比强大。

婴儿推开大人追着喂饭的勺子，是在表达：我不想吃了，我要来决定我是吃还是不吃。

孩子买衣服时说这件不好看，那件好看，是在说：我是我自己，我要来决定我穿什么样的衣服。

青春期的孩子头发长了，你提醒他该理发了，他说不理，是在说：我是我自己，我要来决定我什么时候理发。

孩子的这些表现，都是想要成为自己，而成为自己，应该也是人作为生命存在的最重要的事情，甚至可以说这就是活着本身。

我遇到过多位学员告诉我，他们高考报志愿时之所以要选择离家远的学校，就是想远离父母对他们的控制，这背后的动力，也是想要成为自己。

我还遇到过一些人，在人到中年时，忽然有一天性情发生了改变，说以后要为自己活，不想再管别人了，背后的动力也是想要成为自己。

我有一个朋友，有一次让我劝劝他姐姐。因为他四十多岁的姐姐，忽然有一天老公、孩子都不想管了，就想出去玩、旅游、结交朋友。说是不想再过以前的日子，以后想做自己。

而这位姐姐以前是一位标准的贤妻良母，下班后洗衣做饭、照顾孩子，基本不用老公操心家里的事，很少出去玩，也没有什么朋友。

人只有成为自己，才有自主性、创造性、自动自发做事的欲望和真实的感受，才能感受到活着的感觉和生命的美好。

"没有自己"的人，缺少这些特质，他们的生活中也会存在很多困难和痛苦。

比如他们做事常常找不到标准，做什么事都想问问别人的意见，对别人有依赖性。也因为时常需要依赖别人，他们还可能会害怕得罪人，时常需要去讨好人，或者控制别人。

他们还很容易受别人的影响，哪怕他们对一些事情有自己的判断也不敢相信自己，还是想多问问别人该怎么办。但当一些人对他们说应该这样做，而另一些人对他们说应该那样做时，他们就不知道到底该如何做了，所以，他们常常为一件事情到底该怎么办而发愁。

最为重要的是，他们甚至会没有活着的感觉，也因此会常常困惑于活着的意义到底是什么。

有自己，可以说是一个人人格健康的基石，没有这个基石，这个人的人格大厦是不可能健康的。

不过，那些"没有自己"的人，只是因为在儿时没有条件和环境发展成自己，等一旦有了条件或时机成熟，他们还是想要发展出自己的。就像幼芽本能地想要突破重重阻碍长大一样，人也会想要克服内心的层层恐惧而真正地活着。

完全没自己　　　　很多人在中间　　　　完全有自己

　　并且，人们在有没有自己这一点上，也不是简单的"有"和"没有"的关系，而是我们可能都在"没有"和"有"之间。

　　只是有的人偏向"没有"的一端，有的人偏向"有"的一端。

　　就像人的独立性和依赖性也是一样，并不是非依赖即独立的二元对立，而是有些人的独立多些，有些人的依赖多些。

　　从滋养的角度来讲，对于"没有自己"的人，我们要提供的就是让他们可以发展出自己的条件和环境，帮助他们成为自己，他们才会感觉到生命的意义和生活的乐趣，才能有真正的幸福可言。

　　然而，对于一定程度上"有自己"的人，我们要做的实际上和对待"没有自己"的人的方式并无两样，也是要提供一个环境，让他们做自己。

　　这其实是我们对待每一个独立的个体应有的态度，即尊重对方是一个独立的人，而这不也正是我们对待爱人本来就应有的态度吗？

　　因此，我们有必要更详细地了解一下一个"有自己"的人，具有哪些特点又需要哪些条件和环境,以及作为一个滋养者,你要如何持续地提供和创造这些条件和环境。

需要提醒的是,对于完全没有自己的人,他们感觉不到自己的存在,会是很痛苦的,他们最需要的是专业的心理咨询的帮助,爱人的滋养对他们有帮助,但并不能替代心理咨询。同时,除了"成为自己"这个需要外,对于另外四种需要有严重缺失的人,他们需要的也是专业人士的帮助。

为了方便理解,我们这里探讨缺失形成的原理和滋养的方法时,会从完全缺失的极端情况来阐述。但在实际生活中,我们需要去滋养的人,往往没有这么严重,只是有一定程度的缺失而已。

并且,一般来说也不会是所有需要都缺失,我们要做的,也只是在他们缺失的某些部分提供一些滋养而已。

这同时,也正是经营关系的方法。从这个角度来看,不同的人缺失不同,如果我们跟不同的人生活在一起,经营的方法也是不同的。

尊重自发性

休息的时候,我经常不知道要干些什么!长这么大,好像我也从来就没有自己真正想做的事情,都是觉得该做什么了就去做。

在心理咨询中，当听到这样的声音时，有经验的精神分析师会意识到，眼前这个人可能是缺少自发性的。

自发性指的是一个人依据内在的需要和本能自动发起一些行为、冲动的能力，是人主动发起自己的学习、事业、娱乐、爱情、友谊等一切行为背后的内在意愿。因为这些行为是自发的，是自愿的，人会从中感受到满足、自由、愉快、幸福等，也能感受到有一个"我"的存在。

但自发性，并不是每个人都有的，拥有自发性，是需要具备前提条件的。

这个前提条件与每个人儿时是如何被养育的有直接的关系。

刚出生的婴儿饿了，他不会对妈妈说："妈妈，我要吃奶。"通常他只是有一个想吃的欲望，然后在行为上也许只是噘噘嘴唇、伸手要妈妈、眼睛看向妈妈等细小的动作。这时如果妈妈能感知到他的需要，立即把他抱在怀里喂奶，他会感觉是自己创造了妈妈和乳房，是自己满足了自己。

与此同时，他会感觉到自己是全能的，想要什么都是可以得到的，这是一个人的自信和安全感的最早来源。这也是一个人拥有自发性的基础，是在婴儿时期有需要会被及时满足的结果。

婴儿有任何需要，只是想一下，这时"想"是自发性的，随后就立即获得了满足，自发性就得到了强化和发展。长此以往，就形成了一个人敢想、敢要、敢主动的特点，这是一个"有自己"的人重要的特点。

但如果妈妈不是因为感觉到了婴儿那一刻有需要而去喂奶，而是妈妈觉得时间到了，该喂奶了而开始喂奶。类似的还有妈妈觉得婴儿该玩了，该睡觉了，该醒了等，而有所行动，如果婴儿在那一刻并不需要，婴儿感受到的就都是外界对他的入侵。

为了应对入侵，婴儿需要有所反应，比如妈妈把乳头放在婴儿嘴里时，婴儿会本能地吸吮。在妈妈的角度看到的也是婴儿在吃奶，但实际上在婴儿的感受里，他只是因为外界有了刺激或入侵而做的一种反应和顺从，是被迫做出的。

本应是自发性的行为，现在变成了反应性的和顺从性的。

并且真正有需要时不被满足所带来的痛苦感受也会让婴儿感受到被入侵。

比如强烈的饥饿感一阵阵地来袭时，幼小的婴儿并不知道这是自己的躯体感受，会以为是外界的入侵或者迫害。

这时，饥饿感和外界有人虐待婴儿所带来的痛苦是一样的，都会带给婴儿巨大的痛苦。婴儿无法消除这些痛苦的感受，会感觉到自己是弱小的无助的。这也会破坏婴儿人格的发展和整合过程，甚至留下精神病性问题。

再长大一些的时候，外界的入侵和刺激可能就变成了孩子想玩小汽车，大人一定让他堆积木；孩子想穿白色的鞋子，大人一定让他穿红色的；孩子想学画画，大人一定让他学钢琴等。

再之后就是父母会为他们挑选大学的专业，让他们从事父母认为合适的工作、跟父母认为的合适的人结婚等等。

在这些人的成长中，父母的意志一直在强加于他们，他们自己的意志已经被剥夺了，他们缺失了自发性，也没有成为自己。

当然，对于一个在生命早期发展出了一定程度自己的人而言，之后的人生中遇到有人把意志强加到他们身上时，他们是会反抗的。但如果遇到控制欲强且有暴力倾向的父母，孩子就可能会因为这种对抗而被暴打和虐待。这个时候，孩子为了保护自己的自发性要承受很多痛苦，这又可能会造成不小的心理创伤。

不过，对于在婴儿时期就已经被完全扼杀了自发性和真实感受的人而言，他们感受不到愤怒，也没有反抗所需的内在力量，他们只能也只会顺从。

因为他们内心是弱小无助的，往往需要依赖他人，他们既会恐惧得罪人后被报复，又害怕别人不喜欢自己然后就不能依赖他人了。

这样的人，对别人的讨好、顺从成了他们人格的主要组成部分，而那个真正的自己，被深深地埋在了内心，不敢发出自己的声音。心理学把这样的人格部分称之为假我①，也叫假自体。

遗憾的是，假我较多恰恰就是我们周围很多家长期待和喜欢的孩子的样子，也就是听话。因为这样的孩子，好带、好养、好控制。这样的孩子在上学阶段很可能会一切顺利，甚至容易成绩优异，但是他们可能会困惑于人活着的意义是什么，因为他们没有感受到自己是活着的。

长大后一旦进入社会，特别是在人际关系中，他们会有更大的困惑，因为别人会觉得他们无聊、没意思，他们也缺少对他人的吸引力。

在工作中他们也无法创造和创新，只能模仿别人，更难以成为艺术家。

国内著名心理专家、北京大学心理健康教育与咨询中心的徐凯文教授在工作中发现，有些学生学习特别优秀，但是却不开心，不知道自己想要什么，也不知道自己为什么要学

---

① 假我理论最早由英国儿科医生、精神分析师唐纳德·温尼科特（D. W. Winnicott. 1896～1971）提出。

习，更不知道自己为什么要活着，严重的甚至出现自杀倾向。他把这样的人称为"空心人"，他所描述的"空心人"实际上就是假我为主的人。

与假我对应的是真我，也叫真自体。真我是由人自己的意愿、本能、感受、自发性组成的，只有真我才能感受到真实感。

真我成为人格的主要部分，人做事的动力就会是来自内心自己的意愿、感受和欲望，而不是别人的看法和意愿，这样的人才能感受到活着的意义和感觉。这样的人也才是有魅力的人，容易吸引别人与他们建立亲密关系，也容易有创新和创造性。身边有这样的人时，我们会感受到他们很真实和鲜活。

不过，这也不是说假我一点儿用都没有，每个人要适应社会，还是需要一定程度对周围的人、事物做出适应的。

只是正常情况下，这种适应不是为了应对别人的入侵和讨好别人为主，而主要是基于对他人的理解和尊重而做出的礼貌和客气的行为。

比如，人们见面了打招呼说"吃了吗"，这并不是说别人没吃呢我们请他吃饭去，而是一种出于礼貌的语言，是一种略显虚假的尊重和关心。

这些行为不是我们自动发起，但却是每个人适应社会，与别人建立人际关系时所必需的反应性行为，与社会规则和文化有一定的关系，属于健康的假我部分。

完全没有假我的人太过较真儿，其实是没有能力理解他人和照顾别人感受的，以为别人都跟自己一样，会把所有的事情都当成真的，也是很难适应社会的。

张国荣饰演的国产电影《霸王别姬》中的程蝶衣，就有点这种感觉，他无法理解假的，也无法理解戏。当他开始演女人时，不是在演，而是成为。

没有假我的人，他们的自发性在生命早期也曾经被打压，但是并没有像假我较多的人那样完全被消灭掉。

如果你了解他们的原生家庭，会发现他们往往有个控制欲很强的母亲或父亲，他们的性格特点，如果你仔细感觉的话，就是拼了命地与控制欲很强、常常入侵他们的父母在对抗，以达到做自己的目的。

这使得他们的性格中存在着特别强烈的任性和执拗。既忍受不了虚假，又承受不了妥协。

这样的人长大后在亲密关系里特别不喜欢别人要求他做事，那实际是他们特别在意保护自己的自发性，别人提出的要求往往会被他们感受为对他们自发性的剥夺或对他们的入侵。

一般来说，相对于成人而言，小孩子的真我要多些，假我较少，他们理解别人和世界的能力还不足，所以他们常常说出实话。我们常说的"童言无忌"，指的就是我们要理解孩子和接纳这个特点的意思。

不过，假我多的孩子除外。这样的孩子在很小的时候就被打压了真实的部分，所以他们会察言观色，顺着大人的意思说话。我们会觉得这是一个小大人，但实际上，这是孩子放弃了自己，过早地照顾大人的感受和适应社会，是顺从和讨好的表现。

所以，当一些家长在自媒体上秀自己的孩子如何人精一样地会说话时，我往往会有担忧，因为这些孩子成熟得太早了。

根据一个人有没有自发性和是否努力地在保护自己的自发性，我们可以把人分为三类：

1.有自发性的人，他们也是真我为主的人，属于健康的情况；

2.缺少自发性的人，他们是以假我为主的；

3.努力在保护自发性的人，他们有自发性，但因为害怕被剥夺了自发性，他们会特别在意别人是否违背了他们自己的意愿。

滋养自发性的方法

第一，避免入侵。

缺失自发性的人最大的创伤就是被入侵，所以他们不想做的事情，一定不要强迫他们。做任何事情，都要问问他们自己的意愿，或者等待他们自己想要去做的意愿出现。

在他们不想做事时，缺少主动性时，不要批评、指责他们，尽量允许他们。不然，他们如果因为你的批评、指责而去做一些事情，又是对你的顺从，这是对他们儿时入侵性环境的重复。

所以，一些人看到自己的爱人没有事业心或暂时有一些懈怠时，会督促他们去努力，或者对他们的状态冷嘲热讽，这对他们自发性的发展，是没有任何帮助的。

反而如果允许他们，他们在得到允许接纳之后，内心觉得安全之后，可能在某些时候忽然主动地想要做一些事情，这个时候，一定要允许和支持他们。他们的自发性在得到允许和支持以后，就可能在以后更容易出现。

包括做家务，如果他们不想做，通过抱怨、指责等方式可能会让他们去做，但他们依然也是为了顺从你而做的，不是自发性的。

　　真要是特别希望他们做，你最好也是使用邀请的方式，让他们可以依据自己的内在意愿有所选择，这也是对他们自发性的尊重。

　　这时又要用到述情中的魔力句型了。

　　即"可以"句型。

　　如：

　　亲爱的，今天你做饭可以吗？

　　亲爱的，可以把地拖一下吗？

　　等等。

　　最重要的是，不管对方选择做还是不做，如果你都接受，对方会更敢根据自己的内心意愿做出选择。

　　对于那些努力地在保护自我和自发性的人，他们的执拗和任性，本来就是对入侵的对抗，就更是不要去勉强他们了，不然，只会招致他们强烈的愤怒和反抗。

　　比如下面这句话就反映了说这话的人对自发性在用力地保护："我不要求你做饭，你也别要求我，谁想做谁做，都不想做就订外卖！"

　　这种情况下，任何的勉强和要求，都只会被他们体验为入侵进而拼命地反抗，所以，尊重他们的自发性，别强求他们，是最好的与他们相处的方式，也是滋养他们的方式。

　　这和生活中一些人想要制服对方的做法非常不同，想要制服对方的做法，本质上就是对对方自发性的打压和入侵，即便对方真的被制服了，也往往并不是自发性的结果，而是恐惧的结果。

比如，一些人用分手或离婚来威胁对方，对方如果恐惧分离，就可能会服软。但这样的服软并不是内心成长了，而是因为内心很大的一个恐惧被唤醒了，他们不得不妥协。这对他们是有创伤性的，严重损害了他们对关系的安全感。

之后，他们在生活关系里要么一直战战兢兢、害怕被抛弃；要么等到关系稳定了，他们觉得安全了，原来存在的问题就会再次出现，生活还可能会回到原来的状态。因为他们并没有真的成长和变得强大。

我遇到过不少因为遇到这样的恐惧来咨询的来访者。他们在关系里，一改原来霸道、任性、发脾气的特点，变得温和、顺从，以对方为主，关系表面上变得和谐起来。但在这个和谐的背后，我能感受到他们内心深处的强烈的害怕被抛弃的恐惧。而他们基本上，在儿时都有过被抛弃的经历，比如很早母亲就到外地学习或工作了，或被送到爷爷奶奶、外公外婆家等。

第二，当他们表达一些需要时，尽量满足。

缺少自发性的人，他们儿时最大的缺失就是有需要时不被满足，没需要时可能会被入侵。所以，如果你要滋养他，要做的最重要的另一点就是尽可能地适应他们的需要。

他们习惯了顺从，所以，一般不太提出要求，更不会轻易地入侵别人的边界，如果提出要求也常是为了避免内心的某种恐惧。

一旦哪天他们忽然想去看个电影或者想去野外烧烤，这就很有可能是自发性的了。

这种时候，是让他们的自发性发展起来的宝贵时刻，这个时候接受并满足他们的需要，他们会在以后更加敢于产生自发性，更加能体验到生命的意义和生活的乐趣。

第三，保护积极性。

人的自发性，之所以不敢表现出来，在感受上就是担心、害怕自己的真实想法和感受是不被接受的，甚至会被报复的。而且越是自发性少的人，这种担心与害怕越是强烈。

因此，在他们想要主动地去做一些事情的时候，也一定不要轻易地打击他们的积极性，无论他们事情做得如何，他们愿意主动地去做事，已经是一个很大的进步了。

在他们没有主动做事的意愿时，耐心地等待，一旦他们的自发性出现，要及时地鼓励和支持，给他们空间甚至是犯错的机会。

就像所有做饭好吃的人第一次做饭都不会太好吃一样，人们做事的能力是在做的过程中逐步锻炼出来的。当他们愿意主动去做事，就进入了锻炼做事能力的过程中，做得多了，自然就会做得好。

所以，允许和接受他做得不好的地方，当他做得好的时候，你可以表达你认为他做得好的部分，以及带给你的好的感受，让他体验到他的能力和成就带给你的幸福感受。这会增强他的自信，让他更加敢于主动去尝试。

比如，他忽然想要写点东西，写出来之后，你要多肯定那些写得好的部分，以及表达出他愿意主动写东西这件事情带给你的心情："很喜欢看你写东西时的样子，感觉生活很美好！"等等。

也很有可能他们的自发性出来的时候，他们做的事情不是你所期待的，比如你希望他可以努力工作，但他在练钢笔字。这个时候，要珍惜和尊重他的自发性，给他空间，让他好好练字。

当他在自己感兴趣的事情上获得一种自信后，这种自信自然就会成为他的一部分，在他以后做别的事情时，自信也自然会增加。当然，最为重要的是，这是他想要做的事情，是他自发性的结果，自发性一旦出来更多，他会更加有自己和力量。

邀请对方滋养自己自发性的方法

第一，如果你意识到自己是缺少自发性的人，可以这样邀请你的爱人来滋养你。

"亲爱的，我觉察到我好像是有些缺乏自发性，做的很多事情要么是觉得应该做的，要么是害怕不做有什么不好的后果才做的，内心可能是有很多恐惧的。

"这种情况下，如果哪天我突然想做一些自己喜欢的事情，其实是很难得的。这种时候，如果你可以允许我做我自己，对我是有很大滋养性的，以后有这种机会时，多允许一下我，滋养滋养我，可以吗？"

第二，如果你意识到你是努力保护自发性的人，可以这样邀请你的爱人来滋养你。

"亲爱的，我意识到可能是我小时候父母控制欲太强了，我非常不喜欢别人控制我，我不想做的事情，别人强迫我会让我非常愤怒。甚至有时候我本来就想做的事情，如果有人再说让我去做，我反而不想做了，跟逆反似的。

"这些都像是我在对儿时控制欲强的父母进行的反抗。如果可以的话，以后我不愿意做的事情，尽量不要勉强我，可以吗？这样对我会有较大的滋养作用。

"当然，如果你不愿意做的事情，我也不勉强你，如果我勉强你了，你也可以拒绝我，可以吗？"

接纳真实的感受

前些年，我经常开办线下和线上的沙龙，回答大家的各种情感问题，在这个过程中，有一类问题，是让我比较头疼，感觉无法回答的。

比如：

"恋爱中什么时间应该进一步？什么时间应该退一步？"

"刚认识的男人向我借钱，我要不要借给他？"

"老公要离婚，我是跟他离还是不离呢？"

如果你是个细心的人，你会发现这些问题有一个共同之处：这些问题问的既不是心理学的知识和原理，也不是亲密关系中的一些相处方法和技巧，而是属于每一个人需要自己做出决定的个人化的选择的问题。

这些问题其实和"我今天晚上吃什么？我明天休息时玩什么？"没有区别，都是每个人要问自己的问题，要根据自己内心的声音来决定。

当他们问出这些问题时，可以从这些问题中感受到他们内心有一种这样的困惑，即外界似乎有一个做事的对错标准，他们不知道这个标准，所以，不知道这些事情如何决策，一旦他们知道标准了，就知道了该如何做决定。

实际上，这类事情，是不能依靠外部标准来决定的，因为这些事情没有什么对和错，更不像"红灯停、绿灯行"一样有清晰的标准，每个人自己的内心感受是做出这些决定和选择的主要依据。

个人化的真实感受，应该是一个人作为独立个体存在的最重要的核心，也是自发性的基础，是一个人在精神上活着的本身。人如果没有了个人化的真实感受，像是没有灵魂，拥有的只是躯体和智力，貌似一台计算器，并没有真正地活着，也感受不到真实感。

感受是进化赋予人类的加工周围信息、适应环境的快速而自动的适应性功能。没有了感受，人就缺少了加工周围信息、适应环境的自动化能力了。这种情况下，适应环境就只能用理智和逻辑了，所以，才会有前面的那些向外寻求标准的问题。

为什么会有人缺少个人化的感受呢？

这需要从人的感受的来源说起。

每个人一出生，只要大脑没有损伤，都有健全的神经系统，这是感受的生物基础。但这并不意味着就一定会有丰富的感受，就像电脑的硬件生产出来后还需要安装软件才能运行一样，人的个人化感受是在后天与父母互动的过程中慢慢形成和丰富起来的。

在一个人拥有真实感受的过程中，除了婴儿时期有需要了要被及时满足之外，还需要父母持续一段时间帮助其意识到自己的感受，这是一件非常重要的事情，生活中很多父母无意之中就在做了。

在我住的小区里，我遛狗时经常可以看到一些爸爸、妈妈或祖父母抱着婴儿出来玩耍，看到我牵狗路过时经常能听到他们对着怀里婴儿说："宝宝你看，汪汪！是汪汪！"除此之外，还会经常听到他们会对着婴儿说："宝宝想妈妈了！""宝宝饿了！""宝宝不高兴了！"

前者是帮助孩子认识世界，而后者就是在帮助孩子意识到自己的感受，更准确地说，是帮助孩子为自己的感受命名。

孩子有了感受，但他并不知道自己感受到的是什么，父母帮助孩子为自己的感受命名的过程，就让孩子知道了自己的感受是什么。这不但为孩子以后表达自己的感受奠定了基础，也为孩子理解别人打下了基础，更重要的，这是在帮助孩子意识到自己的真实感受，是让孩子和自己的感受建立连接的必不可少的过程。

长大一些后，当孩子委屈、伤心、生气、挫败等的时候，父母如果都可以及时地跟孩子确认他的感受，也就是共情，比如对孩子说："宝宝好像很伤心哦！""宝宝好像很委屈哦！"既可以让孩子感受到被爱被关注，又帮孩子持续完成了为自己的感受命名的过程。

当然，孩子的感受还需要被接受、理解和接纳，比如孩子弄坏了玩具伤心地哭了，如父母说："不就是坏个玩具吗，有什么可伤心的？"虽然把孩子的感受命名了，但却否定了孩子感受存在的必要性，这会让孩子为自己的脆弱感受感到羞耻，也会去压抑真实的感受。

据我观察，很多父母都是会在某些时候否定孩子的感受，这使得我们很多人离自己的真实感受都有一定的距离。

还有，前面讲过的在婴儿期父母不是根据孩子的需要来满足孩子，也是对孩子真实感受的否定。

很多人在成长过程中经历的一些事情，可以说就是个人化的真实感受被摧毁和打压的血泪史。

比如：

在外面受了欺负回家还要被打骂，甚至被打了还不能哭。

电视里演恐怖片孩子害怕，大人却说都是假的，有什么可怕的。

玩耍磕到了膝盖，疼得想哭，大人却说不就磕了一下吗？有那么疼吗？

等等。

在我的工作中，不少人告诉我说在他们儿时，父母除了衣食住行特别关注外，根本就不关注他们的感受，所以在他们遇到困难和压力的时候，不要说获得理解和支持了，父母连知道都不会知道。

这种情况下，要么内心的感受是冰冷的，要么承受不了就把感受压抑或隔离起来，要么就早早地放弃了感受这个功能，只发展智力来适应世界。

但是，当他们放弃了感受这个功能时，也就把自己弄没了，也就感受不到幸福和活着的感觉了。

这样，在应对很多事情时，特别是做选择和决定时，他们因为感受不到内心真实的声音，就需要参考别人的选择，这使得他们没主见和依赖人。这其实很像是没有导航仪的人，远行时需要经常借用别人的导航仪来看看一样。

生活中更多的人，并不是完全没有真实感受，而是能连接到一部分的真实感受，还有一些受不了的感受被压抑或隔离在内心深处。

又或者心中既有一些真实感受，又有对真实感受的恐惧与羞愧，使得内心矛盾重重。

比如：

愤怒但又怕攻击对方后被报复；

害怕又觉得这样显得太胆小；

伤心又怕这样显得太脆弱；

喜欢某款衣服又怕别人觉得太个性。

这样他们做起事来就会显得犹犹豫豫、前怕狼后怕虎，甚至选择困难。

缺少与内心真实感受连接的人可能会有以下特点：

1. 他们往往不知道自己内心的感受是什么，甚至流泪了也不知道自己为什么流泪。

2. 他们可能会选择困难，因为缺少了做事的标准。

3. 他们可能会逆来顺受，因为缺少愤怒的力量保护自己。

4. 他们常常陷入纠结，因为内心有太多声音，而不知道哪个是真正的自己内心的声音。

5. 他们也难以理解别人的感受，因为理解别人是要使用到自己的感受的。

6. 他们常常靠理性理解别人，所以，他们常常会发现别人身上存在很多无法理解的现象。

7. 他们也可能会在遇到令人痛苦的事件时，感受到的是躯体上的不适，如头疼、肩膀疼等，而内心感受不到痛苦。

滋养真实感受的方法

完全缺少个人化真实感受的人，他们的生活会遇到很多困难，所以他们最需要的是心理咨询。滋养对他们有用，但帮助是很有限的。

很多人都有个人化真实感受，但因为种种原因，感受被一定程度地防御起来了，这种情况下，滋养对他们的帮助会是明显的。

第一，尊重和接纳他们的感受。

缺少个人化的感受的人，在他们成长的环境中，他们的感受是不被在乎的，想要滋养他们，你首先要做的就是尊重和接纳他们的感受，虽然他们的感受表现出来的不是很多。但他们还是会有生气、羞耻等比较明显的感受的。

这时，不否定他们的感受，允许他们有任何感受，他们的感受才有可能会出来更多。

之后，当他们开始跟内心感受去连接的时候，最早感受到的往往是愤怒。因为在他们长期被剥夺自我的成长过程中，他们的愤怒一直是积压在内心不敢发泄出来的。

如果你跟他们生活在一起，当环境安全时，这些愤怒一旦出来，最容易指向的就是你。这个时候，你的态度将决定他们的感受是否还敢于继续出来。如果你接纳，不报复他们，也许他们的真实感受会更多出来，如果你报复他们，攻击他们，他们的真实感受就一定不敢再出来。

这就像一个从小被寄养在亲戚家的孩子，一开始他们往往不敢做自己，当他们觉得环境安全了，才敢于做自己，有需要才敢提，有脾气才敢发。但真实需要和脾气出来时，亲戚如果惩罚他，他可能就再也不敢表现真实的自己了，以后可能会变得讨好或麻木，使得自己可以生存下去。

这就是说，在亲密关系里，你能够接得住对方的愤怒，不报复不惩罚，然后通过对方愤怒的情绪信号理解到对方的需要，对方的愤怒才会消失，然后会变得更加真实起来。

但这对我们要求就是很高的了，因为承受得住攻击，是需要力量的。不过，这也正是幸福的亲密关系对每个人的要求，因为幸福的亲密关系中一定会存在对攻击的接纳。

第二，替对方表达出他的感受。

在亲密关系里，想要滋养对方的个人化感受部分，最重要的是帮助他们去连接自己的真实感受，也就是要与他们共情。

生活中，发生了一些事情，人们有了一些感受，自己不一定都意识得到。这就是情绪在潜意识里未被觉察到，但人们却可能会被这些情况驱使着去做一些事情。

这种情况下，如果你可以替他们说出他们的真实感受，也就是确认他们的感受，是可以帮助他们意识到这些感受的。同时，这个过程也是跟他们一起面对这些感受的过程，因为你的陪伴、接纳和共同面对，那些被防御的感受就可能会慢慢地从不可承受变得可承受。

具体做法，就像那些抱着孩子的大人对孩子说的"宝宝想妈妈了""宝宝不高兴了"一样，想要滋养爱人，在觉察到了他有一些感受的时候，直接把它说出来就可以了。

比如在一个很重要的业务谈判失败后，爱人可能没有说到过他心情不好，但你明显地感觉到他的情绪低落。

这时，你可以说出你的觉察："亲爱的，你好像情绪有些低落哦？"

然后如果他愿意谈论这件事情，在听他讲过后，你可以把他的感受做进一步的确认。

"这笔业务你做了很多努力，也抱了很大希望，现在没有谈成，也难免有些挫败。"

但千万别说："没谈成就没谈成，多大点事啊！"因为这是在否定对方的感受，给对方的感觉是你觉得他脆弱了，不应该有这些低落的情绪。

另外，如果对方不想谈论这件事情，当前不强迫对方一定去谈也是对感受的尊重和接纳。

第三，从成长过程与环境来理解对方的感受。

人们成长、生存的环境中如果存在着一种持续的痛苦来源，因为是从小到大一直在经历着的事情，是会被人们习以为常了的。

人们对这些事情表面上看好像没有什么特别感受，但实际上长期经历和体验的事情，不会没有感受的。只是那些感受，可能是在内心深处的，或者是弥散在人们的精神世界里的。

如果我们可以看到这个人长期以来所经历的一切，通常是可以理解到这些感受的。这个时候，只需要把这些感受说出来，既会让对方感到被深深地理解，又会帮助对方把这些弥散在精神世界里的，或在内心深处的感受变得聚合或清晰起来，让他跟自己的真实感受连接得更好。

比如：

在重男轻女家庭长大的女性，内心肯定会对这一点有所感受，但她们不一定意识得到。或者即便她们意识得到，却从未有人对她们表达过理解。

有机会时可以这样对她们说：

"都是父母的孩子，但你的父母却对你的弟弟（或哥哥）更看重，很多事情偏向他，这么多年一直如此，你心里会不会觉得很委屈？或者觉得自己在他们心里是不重要的？"

当她们回答这些问题的时候，内心的感受就会聚合起来或浮现出来。

家里的排行老大，往往代替父母照顾弟弟妹妹，承担了很多责任，吃了很多苦，内心也可能是疲惫的、有委屈的。但他们也不一定意识得到。

有机会时可以这样对他们说：

"就因为你比弟弟妹妹大几岁，从小到大，你承担了很多本应该父母做的事情，为他们付出了那么多。比起他们，你吃了更多的苦，受了更多的累，承担了更多的责任。对于这些，会不会觉得委屈呢？"

也有一些人，当他们经济条件变好之后，而兄弟姐妹如果经济条件不好，他们也往往不舍得花钱，或总是想着老家的兄弟姐妹，想要为他们做些事情。这可能与他们内心因为自己比兄弟姐妹生活得更好所产生的内疚感有关，不去照顾兄弟姐妹，他们会觉得像是背叛了兄弟姐妹一样。

有机会时可以这样对他们说：

"当初你们是一家人，一起吃苦，一起努力，一起面对生活中的种种困难，也许在你成长的过程中他们还支持过你。

现在你有钱了，如果只顾自己享受，而不考虑他们的话，似乎你觉得背叛了他们，你心里会有内疚感，是这样吗？"

这样的一些共情，都是基于一个人成长的过程来理解和表达的，如果表达得准确，往往会让人有一种被深深地理解和懂得的感受，甚至让人感动。这种情况下，对方就会愿意更多地表达他内心的感受，表达的过程也正是帮助他意识到自己感受的过程。这对感情的经营与促进是非常有帮助的，更是会有很大的滋养作用。

第四，讨论感受和想法。

对于那些这样做也不行，那样做也不行，做事犹犹豫豫的人，跟他们探讨他们怕的那些事情，与他们一起进入到那些害怕当中，对他们是有帮助的。

比如当他问你："我这份工作到底还干不干呢？"

这就可能意味着他内心既有干下去的声音，也有想辞职的声音，他是矛盾的。如果你想帮助他，你可以分别陪他进入他的矛盾的两种内在声音中去，看看那些声音的背后都是些什么感受。

你可以这样问："如果不干呢？"

也许他会说："这个工作不干了，怕找不到新的工作，我这个年龄也不太好找工作。"

你可以继续问："嗯，如果就是暂时找不到新的工作呢？"

他可能会说："那就没钱花了"或者"那多丢人啊"！

等等。

前面讲过，当一个人把内心害怕的感受说出来的时候，实际上也就是在面对这些感受的过程。你可以具体地跟他讨论一下这些感受，比如没钱花的生活会是怎样的，那些丢人的感受是否会难受到不可承受等。

这样，他还有可能会看到一些空间。比如也许手里的钱还可以支持他花一阵，那些丢人的感觉也并非不可承受等。

探讨完他内心不想干的声音后，你也可以跟他探讨一下他想干下去的那部分的声音。

比如：

你可以问："如果你继续干下去呢？"

他可能会说："干得也不太开心，也看不到什么晋升的机会！"

一样的，你也可以陪同他进入到这些感觉里。

"都是什么让你感觉到不开心？"

"如果一直不晋升，你是否可以接受？"

"如果要晋升，你觉得还需要具备些什么？"

等等。

当你问出问题，对他的感受好奇和感兴趣，你就有机会进入到他更细腻的一些感受里，当触及这些细腻的感受的时候，接纳和理解这些感受，就是在陪伴他共同面对。

之后，如果他说："每天干那些简单重复的事情，一点儿成就感也没有。"

你可以说："嗯，你不甘心一辈子就这样了，你希望做一些有成就感的事情！但同时又害怕辞职后找不到工作，或者说害怕冒风险！"

把他矛盾的情感表达出来，既是对他的共情，又可以帮助他意识到自己内心的矛盾之处。往往有些人在这个时候就会发现，自己要想摆脱眼前的困境，是要冒一些风险的。他们之所以困在这些事情里，就是什么风险都不想冒，却想让事情有所改变。

而那些所谓的风险，实际就是他们不敢面对的痛苦感受，当你跟他探讨那些痛苦感受的时候，仅仅是这个探讨的过程，就是一种面对，虽然可能并不会帮他们马上从不可承受变成可承受，但是有帮助的。

在这个过程中，需要注意的是最好不要直接出主意、给建议，因为你一出主意就没有机会进入到他的感受里了。并且因为这一次你出了主意，以后遇到类似事情他还会想要你的主意，这样你就变成了他的拐杖了，并没有真的帮助到他成长。

邀请对方滋养自己真实感受的方法

第一，如果你觉察到对自己内心的感受不敏感，经常觉察不到，可以这样邀请你的爱人滋养你。

"亲爱的，我觉察到我好像离自己的感受有些距离，有时候发生一些事情明明内心有些感受却可能自己意识不到，这种时候，如果你感觉我是有了某种情绪了，把你觉察到的我的感受告诉我，对我会很有滋养作用。可以吗？"

第二，如果你意识到自己内心有愤怒的情绪但是都被压抑着，可以这样邀请你的爱人滋养你。

"亲爱的，我在练习觉察自己的情绪，也许会有一些没有意识到的情绪，比如愤怒。如果哪天我对你有了愤怒，实际上那是一个进步。万一我说了攻击你的话，你迁就我一下，别当真，可以吗？"

第三，如果你意识到你是喜欢问别人怎么办的人，可以这样邀请你的爱人来滋养你。

"亲爱的，你以前不喜欢我问你'我该怎么办'一类的问题，以后如果我再问你这样的问题，你可以不给我答案。

愿意的话，你可以跟我讨论一下这些问题都有哪些可能，每种可能结果是怎样的，然后让我自己来做决定。也可以帮我觉察一下我是不是在害怕些什么。这样对我会有很大滋养作用，可以吗？"

促进自主性

"有自己的人"另一个特点是有独立自主的能力，也就是自主性。可以独立做出决定，面对、解决或接受生活中遇到的各种问题。

当然，没有人可以绝对独立地生活，生活在地球上的任何人都是需要依赖他人的，比如我们的食物需要依靠农民，生活用品需要依靠工人，而疾病的治疗需要依靠医生，社会秩序的维护需要依靠警察，等等，可以说整个人类社会是相互依赖的。

夫妻之间当然更是相互依赖的。比如一方挣钱为主，另一方照顾孩子为主；一方生病了，需要依赖另一方来照顾；等等。

一点儿也不依赖别人的人是无法真正和别人建立亲密关系的，因为一点儿也不依赖别人意味着一点儿也无法信任他人，只相信自己。这往往是儿时很早就意识到父母无法依赖，只能靠自己导致的。

与之相反的，是在亲密关系里有一些人的依赖性会过多，亲密关系中的依赖本应是相互的，并且是自己实在无法应对时才需要对方的帮助，比如生病、遇到重大变故，或者家庭分工上相互依赖等。但在有些人建立的亲密关系中，以单向的依赖为主，只是一方依赖另一方，并且无论大事小事，都需要依赖对方，这就是缺少了自主性。

比如，我们前面讲过的遇到什么事情都想问问别人该怎么办；再比如，有的人做什么事都要有人陪着；还比如，在婚姻关系里自己不想挣钱，也不想照顾孩子或承担家务等。

为什么会有人有这么强的依赖性？

英国精神分析学家温尼科特对此有着深刻的解读，他把人的依赖性作为一个单独的维度进行描述，认为依赖有三个阶段：

第一个阶段：绝对依赖。

第二个阶段：相对依赖。

第三个阶段：朝向独立。

三个阶段中的任何阶段心理的发展受阻或停滞，就会导致那个阶段的依赖特点在一个人身上的存在。

在生命的早期，作为婴儿，每个人对母亲都是绝对依赖的，没有母亲的全身心照顾，婴儿根本无法持续存在，想要养育出一个健康的婴儿，母亲需要高度适应婴儿的各种需要。

这实际上需要母亲在婴儿出生后就要从自己的工作、兴趣、社交等状态中撤退出来，全情投入到对婴儿的照顾当中。具体来说就是 24 小时不间断地注意力都在婴儿身上，哪怕睡觉时也要留一部分注意力随时关注婴儿的状况并提供满足和照顾。

随着婴儿慢慢在长大，发展正常的话，几个月后婴儿就可以忍受母亲暂时的缺失了。这个时候没有母亲在身边，婴儿也可以承受一定的时间。母亲也会慢慢从之前对婴儿的全情投入状态中慢慢恢复到原来的状态，比如开始从事一些工作和有一定的个人生活。

从这时开始，婴儿对母亲的依赖就变成了相对依赖了。

这实际上就是一个母亲逐渐减少对婴儿的关注和投入的过程开始启动了，这个过程需要逐渐进行，既不会让婴儿一下子承受不了，又不会影响婴儿的正常发展。

到了 2 岁左右，孩子一般就会说话、走路了。而这时，正常的话，一个爱他的母亲已经住在了他内心了，他知道即便母亲不在眼前，也还是一直存在并爱着他的。

这样，孩子就敢于向外探索周围的世界了。比如，开始与妈妈之外的人有更多的互动，对小动物和大自然感兴趣，与小朋友玩耍，正式开启了他朝向独立的发展过程。而这个过程可能要到青春期之后，甚至持续终身都在进行。

在这个由绝对依赖到朝向独立的过程中，有一些人的自主性的发展会被打断，留下依赖的特点，这常与父母的养育失败过多有关系。

比如，生命早期父母对他们有太多的入侵或需求上的不满足，这都会让他们感受到深深的无助和弱小，而弱小无助正是很多有依赖性的人内心的感受，即我自己是没有能力和力量的，所以需要依靠别人。

再比如，当他们的能力足以承担一些照顾自己的事务时，父母还在照顾他们，这使得他们缺少锻炼和成长的机会，阻碍了能力和自信的发展，这也就是我们常说的溺爱导致的长不大。

一个人的成长是从绝对依赖父母到不再需要父母的过程，而父母养育孩子的过程就应该是对孩子从绝对照顾到不再照顾的过程。

在这个过程中，当孩子需要时父母不能提供满足，或当孩子不再需要时父母还在提供满足，都会带给孩子弱小无助感，影响到孩子走向独立的过程。

没有人在完美的养育环境中长大，所以，很多人都有依赖性，但依赖的程度不一样，不同的人依赖的内容也不一样：

有的人是在处理坏心情上依赖人，即心情不好时必须找个人说说，这是承受痛苦的能力相对弱；

有的人是在选择上依赖人，即难以独自做出决定，这可能是对选择的后果承担起来有困难，也可能像前面说过的，缺少个人化的感受导致的；

有的人在生活上依赖他人，即需要人照顾自己，这往往是自己内心太弱小无助，没有能力照顾好自己；

有的人在人际交往上依赖他人，即自己不能与外人正常交往，需要有人帮助自己处理社交关系，这往往是在面对他人时有恐惧；

有的人在完成工作任务时有依赖性，即难以独自应对正常的工作中存在的困难，这往往也是内心觉得自己弱小无力。

总之，当人在哪方面感觉到自己的能力不足时，就可能会在哪方面依赖他人，这就导致了一定程度的缺少自主性。

在一些依赖性特别强的人身上，以上的依赖特点我们可能看到多种同时存在，比如在处理坏心情、生活、人际、工作等方面都依赖他人。

有一些人崇尚的婚姻观，也反映出他们对依赖的渴望或认同。

比如，有些人在评价一个人婚姻好坏时会这样说："这个女人嫁得好，自从结婚之后，她的老公什么都不让她干，也不需要她出去挣钱，真是有福气！"

还有些婆婆跟儿媳生气时说的话，也反映了类似的观念：

"我儿子从小我什么都不让他干，怎么现在结婚了，什么都要干？"

也许在我们内心都期待依赖别人，但现实是，别人也是人，为什么要你依赖？

除非，依赖是相互的。

有依赖性的人可能会有以下特点：

1.遇到事情，不是先自己想办法解决，而是喜欢求助别人。

2.倾向于认为别人帮助他们是应该的，甚至控制别人。

3.简单的工作任务也会感受到一定的畏难情绪，往往自己难以完成重要的工作任务。

4.不喜欢主动学习和提升自己，希望通过别人的努力使自己过上好的生活。

5.喜欢找人述说自己的烦心事，自己难以承受生活中发生的各种事情带来的负面情绪。

6.独自一人无法外出，害怕出现应对不了的情况。

7.渴望不劳而获。

8.爱占便宜，对自己是否吃亏比较在意。

滋养自主性的方法

处于绝对依赖状态的人往往难以建立和维系正常的亲密关系，因为正常的亲密关系是相互依赖的，所以，他们最需要的往往是专业的心理咨询。我们这里介绍的方法，主要是针对在亲密关系中有一定的独立性，又有一些依赖性的人的。同时，这些方法也是每一个处于亲密关系中的人对待爱人需要有的态度。

因为相似的内容我在第十章有了一些阐述，这里讲的就只是对前面内容的补充。

第一，不替他们做决定。

对于有依赖特点的人，当他们想要依赖时，一定是内心有了痛苦的感受，与他们的痛苦感受在一起，理解他们的感受，即可帮助他们提升承受这些情绪的能力。

当他们承受痛苦感受的能力提升了，应对事情的能力自然会相对提升。

因此当他们找你述说烦恼时，跟他们共情，是对他们有帮助的。但是，就像前面说过的，尽量不要提供建议和出主意，特别是不替他们做决定，让他们自己去想解决方案和做出选

245

择，这样他们才能慢慢变得有力量和有能力。

如果他在犹豫要不要换一个工作，你可以跟他一起分析利弊，但最终的决定还是要请他自己做出。

有依赖特点的人，有时会不自觉地让你替他做决定或提供帮助，这是你需要警惕的，别轻易中了他们的"招"。他们甚至有一种魔力，就是坐着不动让别人主动为他们付出，实际上是他们在不经意间就把自己的弱小无助投射给别人了，别人稍微不注意，就会认同了他们。

比如，我有一个朋友，有一次我们一起去钓鱼。在他跑了一条鱼后，他的钓鱼线缠在了一起，他不自觉地就把缠着鱼线的鱼竿伸到了我面前，像是希望我帮他来解开这些缠在一起的线。

如果我当时替他解开了这些线，就是认同了他，长期如此的话，对他的成长是没有帮助的。好在我那个朋友也有很强的觉察力，当时就意识到自己在干什么了，选择自己解开了那些缠在一起的线。

特别是一些自恋的人，或者有照顾者倾向的人，是很容易对有依赖特点的人产生认同的。所以，如果你的爱人有依赖倾向，而你又经常替他做主或做事情，你需要审视自己，做得是不是多了些？是否太过于想证明自己有能力或太想照顾别人？

第二，逐步减少帮助。

在亲密关系里，对于一些具体的事情的操作，有依赖性的人通常是会直接求助的，你不帮助的话会让他们感觉到不被爱，但是你帮助他们又可能会让他们长期依赖，这又如何是好呢？

也许我们可以从人们学骑自行车的过程中学习到一些经验。

我记得小时学骑自行车时，使用的自行车都是成人自行车，不像现在有儿童专用的小自行车，更没有后边带有两个小的辅助轮防止摔倒的。那时我们学骑车往往需要有一个大人在后边帮忙扶着，才敢骑。

学骑车的人和后边扶着的人就是一种依赖与被依赖的关系。

后边帮忙扶自行车的人，如果想让学骑车的人学得快一些，在扶车的过程中一定是要把握以下三个原则的：

1. 在学车的人像要摔倒时用力扶着不让车摔倒；

2. 在学车的人找到平衡时放松双手，不再用力；

3. 在学车人稍微失去平衡时给出一定的空间让他学习掌握平衡，学习者才能有机会学会。

后边的人如果从头到尾一直完全扶着并用力控制着自行车，学骑车的人是找不到骑车的感觉的，也就学不会。

但后边的人如果完全不用力，学骑车的人会一直摔倒，摔的次数太多了，也有人从此决定不再学习骑车了。

同样的道理，在亲密关系里，如果你的爱人对你在某些方面有依赖倾向，在帮助对方独立自主、去除依赖性的过程中，我们要做的就是在对方承受不了时可以提供一些帮助，但在对方可以承受时就要放手了，只有这样经常给对方锻炼、尝试的机会，对方才能慢慢成长。

比如：

如果对方遇到什么不懂的事情都问你，也可能是对你的依赖，这样他就不用去学习和提升自己了。这种情况下，你也可以偶尔装装傻，在他再问时说不知道，让他自己上网查查。

再比如：

如果对方不会做饭，一直依赖你做饭。你想要滋养他的话，首先要留出空间让他有机会做或邀请他一起做，然后在他做的过程中早期给予适当的指导，慢慢地不再管他，让他自己去摸索。之后他摸索着摸索着，就可能会找到并掌握做饭的窍门了。

在这个过程中，他肯定会有做得不好吃的时候，这个时候你要允许和理解，做得多了，他自然就会越做越好吃。

就像父母对孩子逐渐地放手一样，如果我们想要滋养有一定依赖性的爱人，要做的也是逐渐减少对他们的帮助，缓慢地将世界展示给他。

在这个过程中，需要注意的是，指责对方有依赖性，对于帮助对方去除依赖性并没有任何效果，因为依赖性的本质是内在力量的不足。指责不会让对方变得有力量，当然也不会帮助对方去除依赖性。反而会让对方对于自己的需要感到羞愧，会打击对方的自我认同感，变得更加自卑。

允许和接纳他现在的依赖性，如果你有这样的能力的话，一开始给予他一些力所能及的帮助，然后在他可承受的情况下逐渐撤销你的帮助，让对方发展出自己的能力，才是帮助对方成长独立自主能力的方法。

人的一生都在发展自己的能力，在亲密关系中人们需要允许和接纳自己的爱人有一个逐渐发展自己能力的过程。而这也是我们需要对爱人有的一个态度，让他在爱中慢慢成长。

邀请对方滋养自己自主性的方法

第一，如果你意识到自己遇到事情喜欢找人帮忙，可以这样邀请对方来滋养自己。

"亲爱的，我觉察到我好像有一些依赖性，遇到事情喜欢找人帮忙，而不是先自己来解决。以后我再这样的话，如果你觉得事情其实是我自己可以解决的，可以开始的时候给我一些帮助，然后慢慢地减少你对我的帮助，也不要一下子就不帮助我了，让我有一个适应的过程。可以吗？"

第二，如果你意识到自己遇到事情和心情不好时喜欢找人述说，可以这样邀请对方来滋养自己。

"亲爱的，我意识到我遇到一些事情或心情不好时，喜欢找人说说。这可能是因为我小时候获得的情感支持是不够的，或内心的力量是处理不了这些情绪导致的。以后我再找你述说时，如果你可以承受的话，听我说说就对我有帮助。

"因为听我说就是与我共同在面对那些感受，时间久了，在你的帮助下，我自己面对的能力会提升的。请你给我点时间，让我有一个成长自己处理情绪能力的过程，可以吗？"

建立边界感

在我们提到的"没有自己的人"具有的所有特点中，最容易招人厌烦或愤怒的，莫过于缺少边界感了。

比如：

到了别人家里，不经允许就进别人卧室或翻别人东西；

在亲密关系里，不经对方允许，就把对方的一些隐私分享给自己的朋友，比如情史；

与朋友相处，很轻易地就给对方提供建议，比如离婚或分手；

等等。

这些都是缺少边界感的表现。

与缺少边界感的人相处，你常常会感觉到自己被入侵，甚至被吞没，他们对索取的渴望也常常是没有止境的。

想要学会与他们相处的方法，包括滋养他们，我们还是先要知道他们没有边界感的特点是如何形成的。

刚出生的婴儿感觉自己和周围的世界是一体的，也就是没有边界的。当他饿了，无论谁把奶瓶放他嘴里，他都会吸吮，他不会在乎那是他妈妈在喂他还是陌生人在喂他。在他的意识里，他认为是他自己满足了自己，他根本不知道外面有个喂养他的人存在。

在随后的日子里，婴儿经常躺在妈妈的怀抱里，通过妈妈的怀抱，他能慢慢地感受到自己的身体和妈妈的臂弯是分开的，不是一体的，他会慢慢意识到自己的身体是有边界的。

并且在被喂养的过程中，当他有需要的时候，妈妈也并不能够每一次都及时满足他，比如当他想要吃奶时妈妈刚好去了卫生间。妈妈偶尔的满足上的失败，也会让他慢慢意识到，外面有一个人在满足他，不是他自己。此时，他开始意识到自己和外界是分离的，不是一体的，也就是他的心理上的边界开始慢慢形成。

不过，妈妈满足上的失败，必须是偶尔的，也就是绝大多数是满足的，只有极少时刻自然而然地出现了疏忽，而不能是以失败为主的。不然，婴儿会体验到极大的痛苦，这时也就没有机会意识到是外面有个人在满足他的了，他会以为是自己太弱小了，不能满足自己。这样他也就不会发展出边界，而是可能会发展出对自我的理想化，也就是全能自恋，来防御内心的痛苦和弱小无助感。

拥有了心理上的边界，也就意味着一个人在精神上和母亲有了分化，拥有了自己。

随着长大，父母不再为他做原本属于他自己应该做的事情，比如收拾玩具等，也不再替他做一些他可以做的决定，比如选择什么样的衣服，他会越来越清楚哪些是自己的物品和事情，哪些是别人的物品和事情。

父母也会告诉他拿别人的东西要征求别人同意，进入别人的房间要敲门，同时父母也是这样做的，父母也能够守护住自己的边界，他的边界感就会越来越清晰。

这其实就是一个人从与父母共生的关系中慢慢分化成自己的过程，也是人的成长过程。如果这个过程顺利的话，人会形成清晰的边界感，能够意识到什么是自己的，什么是别人的，既会尊重别人的边界，又会保护自己的边界。

　　而一旦这个过程中出现发展停滞，就会留下与妈妈共生阶段的特点，一定程度的彼此不分。又或者父母对待婴儿的方式是混乱的，同样的需求有时满足需要，有时不满足，有时又入侵，婴儿完全找不到适应环境的规律，也难以形成清晰的人际边界。

　　人的心理上的边界，就像是人的心灵上的皮肤，有了它之后，我们才能感受到自己和他人不是一体的。这会让我们把自己和别人都当成一个完整的人来看待，去尊重和关爱，也会保护我们自己免受外界的入侵。

　　比如有边界的人会清晰地拒绝别人的一些不合理要求，也不会向别人提出不合理要求，而边界不清晰的人，可能并不懂得拒绝，或者意识不到自己对别人提的要求并不合理。

　　另外，人们的边界感也并不是完全的有和没有，而是有的人没有，有的人只有一点点，有的人有一些，有的人非常清晰。

　　那些完全没有边界感的人，是难以建立和维系亲密关系的，他们需要的是专业的心理帮助。我们这里介绍的，是针对有一些边界感但不太清晰的人的滋养方法，当然，这实际上也是每一个人在经营亲密关系时需要遵守的原则，无论对方是否有好的边界感。

如果一个人常常有以下表现，意味着他可能是缺少边界感的：

1. 彼此不分，别人的就是自己的，或自己的就是别人的；

2. 喜欢入侵别人；

3. 不会保护自己，也难以拒绝别人的入侵；

4. 喜欢给别人出主意、做决定；

5. 无论什么事情，都打听，或都会说给别人听；

6. 不经别人同意，就替别人做主或做一些事情。

滋养边界感的方法

关于如何滋养缺少边界感的人，在第十一章我已经有过一些叙述，这里只做少量补充。

第一，坚守边界。

边界不清晰的人，会经常入侵别人的边界，想要滋养他们，你需要坚守自己的边界，你无法接受的事情，温和而坚定地拒绝。

他们很可能会希望改变你，好让你完全符合他的期待，这也需要你坚守自己，因为你不可能完全改变自己来满足他，不然你就没有了自己，你会感受不到生活的快乐的，你还可能会恨他的。所以，你为他而做的改变通常都应该是你能做得到的那些，一定不是完全放弃自己。

并且，因为他们是不稳定的，你如果真的随着他们的意愿而改变自己的话，你可能会发现，你刚改变了自己的样子，他们就不喜欢这个样子的你了。

所以，包括你的喜好、兴趣、工作、志向、穿衣风格、发型等个人化的部分，都是你的自发性和自主性的结果，不能够轻易地跟随对方的喜好去迎合他，不然你会失去自己，也会失去对他的吸引力。

我在前面介绍过，在你坚守边界的过程中，一定会遇到对方尝试突破你边界的行为或对你的攻击，这个时候，你温和而坚定，有利于对方接受真实的你，最终接受你是一个独立的人而他的意志不可以为所欲为这个事实，这也意味着他的边界感越来越强。

滋养，是需要满足对方的一些需要，但不应该包括失去自己。你若失去了自己，对方更是觉得这世界上只有他自己，没有其他人了。这样一来，他也不可能成长为独立的自己了。

第二，稳定。

一些没有边界感的人，他们儿时的生活环境往往是混乱的，即一些行为有时是被允许的，有时又是不被允许的，完全看父母的心情。

比如要钱花这件事情，父母心情好了可以给很多，心情不好了也许不但不给还会打他一顿，这样环境长大的孩子，根本就找不到做事的边界在哪里。什么事情是可以做的，什么事情是不可以做的，他们心里往往是没有概念的。

所以，他们长大后整个人可能就是混乱的，做什么事情想起来一出是一出，前后缺少连贯性和逻辑性。

比如，我经常遇到有人想要我帮助他们挽回情感，但当挽回之后，他们忽然发现自己原来并不爱这个人。

这其实是他们缺少稳定的环境来整合自己的结果，他们的人格内部的各种本能、感受等之间组织得不够好，经常是哪种情感或想法占了上风，就被这些情感或想法带着去做一些事情，可能就忘了自己心里还有另外的感受。

所以他们容易冲动消费，卖家一忽悠，被人家夸几句，其他的就都想不起来了，马上就买了。

跟这样的人在一起生活，你需要用稳定的态度来对待他们的各种临时起意，比如他们可能忽然说想移民国外，又可能过段时间说想要到乡下过田园生活。如果你不够稳定，你就可能会被他带着一会儿东一会儿西的，不知所措。

跟他一起制订好长远的生活计划后，在他临时起意时，提醒他也许过段时间他就不这么想了，让他自己也觉察一下自己过段时间是否还是这个想法。这样会对他有帮助，即他飘忽不定，你稳稳当当，就可以让他不会轻易飘起来。

总之，与这样的人相处，你对待他的态度，做事的准则，如果都是稳定的，不会轻易变化，就可能会帮助到他。

另外，稳定还可以帮助一个人整合爱和恨。

一些内心没有整合好的人，当他们恨一个人时，可能会完全忘了这个人的好；当他们爱一个人时，也可能会完全忘了这个人的缺点。他们的爱和恨往往不能整合到一起去。因此，他们可能会一会儿说你是一个理想的爱人，一会儿又说你是一个糟糕至极的爱人。

如果你一直是稳定的，不管他觉得你是理想的还是糟糕至极的，你对他的态度都一样，都是关爱、理解、接纳的，他可能慢慢会意识到你其实既不是他想象的那么完美，也不是他以为的那么糟糕。这其实就是他的爱和恨在你的滋养下得到了一些整合。

但就像前面说过的，这需要你可以承受攻击与否定，不然，他一否定你，你就改变了对待他的态度，你就被他影响了，也就没有机会影响他了。

在亲密关系中，允许对方生你的气，允许对方对你有不满意，才能帮助对方接纳真实的你，才能让对方意识到你是有独立的自我、感受和边界的，也才能真正地滋养到对方。

只有力量才能滋养出力量，只有边界才能滋养出边界。

反之，一味地讨好对方，或者事事想要做得完美避免给对方挑剔你的机会，不但会让你做不了自己，对对方也没有任何滋养作用。

邀请对方滋养自己边界感的方法

第一，如果意识到自己在拒绝方面有困难，可以这样来邀请自己的爱人滋养自己。

"亲爱的，我意识到我不太会拒绝人，以后如果我不愿意的事情，请不要勉强我，好吗？不然，你坚持，我就拒绝不了。"

当然，这样的邀请如果有效的话，前提是对方的边界感很强，不然，对方即便是答应了你，当他入侵你时他也意识不到他在入侵你，当然也无法滋养。能够滋养你边界感的人，一定是本身边界感很强的人。

第二，如果你意识到自己有时会入侵对方，可以这样来邀请爱人滋养自己。

"亲爱的，我意识到我好像边界感不太强，有时会要求你做你不太愿意做的事情，以后要是有你不愿意做的事情，你可以拒绝我，只要注意拒绝时态度温和而坚决就可以了。你越是温和地坚持，我越是容易接受。但如果你对我发脾气，那我就可能脾气更大了。这样对咱俩都不好，可以吗？"

[第十七章]
承认存在的价值

　　每一个孩子，都是父母生命的延续，一般情况下，又都是父母爱情的结晶，其出生通常都会带给整个家庭喜悦、幸福和希望。仅此一点，就说明每个人的存在本身就是有价值的，即便是被收养的孩子，在被收养的那一刻也已经被养父母视为自己生命的延续了。

　　因为这种价值，我们会觉得自己的存在是理所当然的，所以吃父母的、穿父母的、得到父母的养育和照顾也都是理所当然的，我们会从容地享受父母给的一切。进而使得我们可以收获到生而为人自然而然就可以获得的一份人生中最重要的礼物——来自父母的无比深厚的爱的馈赠。

而当这份爱被慢慢地内化到我们心里之后，我们会是一个自信而又有安全感的人，觉得自己是值得被人爱的人，也会是一个心中有爱的人，更会是一个对父母心怀感恩的人。建立亲密关系时，遇到那些很有魅力的异性对自己有好感时，会觉得自己是配得上的。在亲密关系中愿意付出爱，也敢于索取爱。

但是，如果一个人的到来并不是父母期待的，他感受到的可能是自己的存在是没有价值的，而这会带给他深深的自卑感和无价值感。

比如，一些父母没有做好准备要孩子，结果意外怀孕，可能会怪孩子来得不是时候："都是因为你我才不得不结婚。"

或者一些父母把自己在婚姻中承受痛苦的原因转移到孩子的身上，让孩子来承受。

"要不是为了你，我早就不跟他过了。"我的一位学员从小听妈妈这样说，内心一直感觉自己的存在本身就是个累赘，并且一直觉得自己对妈妈有一份亏欠。

还比如父母期待的是男孩，而生下来的是个女孩。父母对别人家男孩的羡慕和对女儿的失望，会让女儿感受到自己没有价值，甚至是觉得自己根本就是多余的。

我见过几位长相非常漂亮但内心又非常自卑的女孩，都是觉得自己没有价值，遇到有人追求很难相信对方是真的喜欢她们，需要对方反复证明才半信半疑。而她们有着相似的儿时经历，都是感觉父亲或爷爷奶奶期待的是男孩儿。

我生下来，父亲（或爷爷奶奶）听说是个女孩，连看都没看就走出了房间。

这是我非常熟悉的一句话，因为在这些年的工作中我听过很多遍这句话。可以想象重男轻女在几十年前还是多么常见。

还有一些人，父母对于他们的到来可能是喜悦的，但因为一些原因，比如父母要忙工作、学习或养育弟弟妹妹等，他们很小就被送到外公外婆家或爷爷奶奶家养，远离了父母。这也可能会伤害到他们的价值感。

因为孩子理解事情不像成人一样，他们非常简单，遇到感觉自己不被爱的情况，他们一般不会觉得是父母的问题或考虑到父母工作、学习太忙等情况，而是往往认知为是自己不够好或没有价值，所以父母才会把他们送到外公外婆家或爷爷奶奶家养。

也有一些人，因为父母的注意力不在他们身上，他们也会有深深的无价值感，觉得是自己没有价值、不够好，所以父母才会不关注他们。

缺少价值感会让人有不配得感

那些从小没有感受到自己存在价值的人，即便他们长大后可能拥有较好的长相、较高的学历和不错的工作，在内心深处他们也会深深地为自己的存在本身感到自卑和羞愧，这给他们的人生带来了很多的痛苦。

他们可能会一直带着一种深深的不配得的感觉活着，不配过上好的生活，不配拥有好的爱人，不配拥有好的工作。

我认识一个女孩儿，因为她内心一直有这种不配得的感觉，每次进入恋爱关系中时，都会把自己放得特别地卑微，几乎答应对方一切要求。而她越是卑微，对方越是不珍惜，所以，尽管她个人条件并不差，她还是经常失恋，大多还是对方提分手。

这种深深的无价值感还可能会形成另一种人格特质，就是理想化自己，没有体验到存在价值感的人在内心会希望自己是完美的，觉得只有自己完美了才配存在，这使得他们追求完美和极致。

这也使得他们对自己极其地挑剔和苛刻，他们会特别在意自己的一言一行是否足够完美，以及自己的缺点是否会被别人发现，他们常常很努力地掩饰真实的自己，因为他们根本就无法承受自己在别人眼里是有缺点的，他们会特别在意别人的评价。

这种情况下，他们还可能对自己的爱人非常地挑剔。找对象时很挑剔，千挑万选，终于找到一个觉得完美的人后，还一定会在生活中对对方百般挑剔，因为他们觉得爱人不够完美就是他们自己不够完美。无法接受自己不完美，也当然无法接受爱人不完美。

所以，作为他们的爱人，有时候可能会觉得跟他们在一起生活是一件很艰难的事情，因为你怎么做都达不到他们想要的样子。

缺少价值感的人可能会有以下特点：

1. 自卑；

2. 有不配得感；

3. 追求完美和极致；

4. 对自己和他人都特别地挑剔；

5. 过分想要证明自己的价值。

滋养价值感的方法

对于极度缺失存在的价值感的人，他们可能会是抑郁的，他们需要的是专业的心理帮助。这里介绍的是针对有一定价值感缺失的人适用的方法，也是每一个想要经营亲密关系的人都需要对爱人做的事情。

第一，肯定他的价值。

追求存在的价值感，是人的本能，即便儿时已经获得了足够满足的人，也会想要努力证明自己的存在是有价值的，对人类社会包括所爱之人是有用的。人类社会因此构成了一个分工细致的庞大群体，每一个人都在为这个群体贡献着自己的价值，人类因此而伟大，人类社会也因此有了更多的爱和美好。

所以，无论你的爱人是否存在着价值感上的缺失，如果你想要跟他幸福地生活，都最好能够认可他存在的价值。

比如：

他挣钱养家，让你过上了富足的生活；

他洗衣做饭，照顾你的生活；

他照顾子女，让你可以专心工作；

又或者因为他的陪伴，让你度过了一段艰难的时期；

因为他的关爱，让你感受到了温暖；

因为他的出现，让你相信自己是值得被爱的；

等等。

又或者他的价值，也许没有达到你的全部期待，但他已经做到的那部分，也是需要被看到并肯定的，只有这样，他才会感受到自己已经有的价值，变得更加觉得自己值得被爱和愿意付出。

比如他在赚钱养家上如果不如你意，那他在做家务、做饭上是否已经有所价值。肯定他的这部分价值，他会变得更加自信，这对于他发展事业也是有帮助的。

特别是带孩子、养孩子的人，相对于为家里带来主要经济来源的人，很多人会觉得带孩子的人没为家里做什么大的贡献。实际上，如果你带过孩子你会知道那是一件多么辛苦的事情。在孩子小的时候，几乎是一天24小时注意力都要在孩子身上，随时要喂、哄、换尿布等。等孩子会走时，要一直盯着，让他在视线当中，生怕有什么闪失，有时忙得连上厕所的时间都没有，等等。实在是辛苦。

可以说，养育一个身心健康的孩子，是一件非常不容易的事情，也是一件功德无量的事情，因为身心健康是一个孩子一生幸福的基础，当父母给孩子打好了这个基础，孩子的一生中不管是情感生活还是发展事业，都要少很多痛苦，多很多顺利。

但这件事情，常常被很多人看成了微不足道的事情，这与缺少对心理学的知识的了解有一定的关系。

不少人都会因为对自己的爱人不够满意，进而抱怨、否定、指责对方，这也常常会引发对方的防卫导致冲突和矛盾的发生，实际上如果希望他们变得更如你所愿，方法不是批评、指责，而是认可他已经做到的那部分的价值，他才会愿意做得更多。

认可一个人的价值，会让一个人有一种之前所有的付出和辛苦都值了的感觉，也是一种直达心灵深处的看见，就像阳光的照耀可以使万物生长一样，被看见的人内心会变得更有力量，更加坚信自己的价值。

对于那些总想证明自己价值的人，更是要认可他已经做到的，他们才会觉得自己已经是有价值的了，不再需要那么没日没夜地拼命，这样他们才能放松一些，才能过上正常的生活。

并且他们有时在那种想要证明自己的动力驱使下，所做事情并不一定是别人需要的，比如有的人为了证明自己的价值，几乎把家里所有能做的家务事全包了，从来不让别人分担，结果就是他累出一身病，他养育出来的孩子却个个都有依赖性，不喜欢也不会做家务。

实际他内心的需要，就是渴望大家觉得他是有价值的，承认他的价值，让他的需求得到满足，他的动力自然会有所下降。

除了以上介绍的方法以外，从更大的角度讲，能够让一个人感受到自己是有价值的，值得被爱的，最重要的方法是爱他，仅仅是你的爱，也只能是你的爱，足够久又足够多的话，会让他深深地相信他是有价值的，值得被爱的。因为任何缺失价值感的人，真正缺失的都是父母对他的足够多的爱。

关于这一点，本书所有内容都是围绕着这一点阐述的，滋养就是爱。

第二，承认自己的不完美。

内在缺失价值感的人，容易理想化自己和他人，所以，会对己对人都比较苛刻和挑剔。在遇到他们挑剔你的时候，承认你自己不是完美的，让他们看到不完美的你过得也还可以，可以帮助他们降低理想化，变得更加接纳自己和他人。

这部分内容前文已经详细介绍过，这里不再重复。

邀请对方滋养自己价值感的方法

如果你意识到自己缺乏价值感，可以邀请你的爱人多认可你的价值，可以这样对他说：

"亲爱的，我意识到我好像是缺少价值感的，总想做一些事情来证明自己的价值感，如果可以的话，你以后多认可我在家里的价值，为家做的贡献，对我是有滋养作用的。即便你觉得我做得还不够，如果你多认可我已经做了的部分，我也是会被滋养的，也会更愿意多做些。可以吗？"

[第十八章]
给予无条件的爱

前文讲的是一个人必须感觉到自己的存在本身是被期待的，是有很大价值的，才会觉得自己是有价值的，这里要讲的是人们还需要感觉到，在他获得爱的过程中，这些爱是无条件的，他才会有更多自信、资格感，甚至成为拥有高雅气质的人。

有些父母很期待孩子的到来，孩子也带给了他们巨大的幸福和喜悦，但是在养育孩子的过程中，他们爱孩子的方式却是有很大问题的。他们养育孩子时会给孩子设置很多条件，或者他们会控制孩子，让孩子感觉到他获得的爱都是有条件的。

比如，要听话、好好学习、乖、懂事、照顾弟弟妹妹等，才是个好孩子，才能获得父母的关爱和喜欢，甚至才不会挨打挨骂。那么，在内心深处，孩子可能就会觉得自己是不值得被爱的、不可爱的、没资格的、自卑的等，除非拥有一些东西或做到足够好。

生活中比较常见的是很多家长都会做的事情，考试成绩达到了多少就给买什么东西，或带着去哪儿旅游。这些做法，看似好像在激励孩子，实际很容易让孩子感觉对自己的爱是有条件的。

所获得的爱都是有条件前提下长大的孩子，成年以后可能就会在内心深处觉得工作必须要足够好才会被爱，赚钱必须要足够多才会被爱，人际关系中必须要讨好别人才会被爱，甚至是必须要放弃自我才会被爱，等等。

这也就意味着，一旦他们的工作能力有限，或者内心的能量不足以支撑他们承受工作的压力，获得不了太大的成就，他们就可能会为此深深地自卑，甚至自暴自弃，严重的也可能会抑郁。

不过，这些感觉都是在潜意识里的，他们可能只是觉得要这样做，并不一定会意识到内心深处的动力。

缺少无条件的爱，就会努力获得更多条件

可以这样说，只要一个人从小得到的爱不是无条件的，他就会发展出来一些特质来让自己获得爱。就像每种动植物都有自己的生存技能一样，这也是人为了适应环境而发展出来的生存技能。

这会让他们在某些方面受益，但同时也会带给他们很多痛苦。

比如在实际生活中，有的人发展出来的是讨好、乖、懂事的特质，他们希望通过这样做可以得到别人的喜欢和关爱，但却压抑了自己的真实感受，内心是很委屈的。并且因为不敢表达和主张自己，他们也常常得不到别人的重视，缺少个人魅力。

有的人发展出来的是努力、优秀的特质，一般是因为儿时意识到只有学习好才能得到父母的爱，所以，上学时他们会很自觉地努力，成了"别人家的孩子"。长大后他们可能会有高学历、不错的工作，但他们会很累，因为害怕停下来，一旦自己不努力、不优秀了，内心深处就会害怕不被爱。

我有个朋友的孩子，十几岁，正是爱玩的年龄，但他每天主动地学习到半夜，节假日从来不休息，吃饭时也拿着书

边吃边看。这样的一个孩子，大人从来不管他的学习，他的成绩却非常好，常常是年级第一，从学习的角度人们会觉得这样的孩子真是个好孩子，也是我们很多家长羡慕的孩子。

但我总会担忧他的以后，因为他的这种过分努力可能预示着他内心深处的恐惧，害怕不优秀就不会被爱。

万一以后走向社会，进入到优秀的人很多的单位当中，当他自己取得不了过于优秀的成绩时，他是否可以承受那份压力呢？这是让人最担忧的。

我的学员中就有这样的情况，从小学习成绩非常好，常常考第一名，工作后也必须争第一，一旦拿不到第一，就吃不香，睡不着，陷入焦虑，这样的状态，明显是影响人过上正常生活的。

他们也可能常常容易与别人比较，一旦感觉身边的亲戚、朋友在优秀或财富方面超过了自己，就会很恐慌。没有变化的话，他们的一生，都会为此所累。

也有的人，觉得自己只有长得好看，别人才会喜欢自己，所以非常在意自己的相貌、穿衣打扮，每天花大量的时间在打扮、化妆上。或者一旦觉得自己哪里不太协调了，就想去整容一下，对自己相貌方面的要求异常地苛刻。

的确，大家都喜欢长相好看的人，但长相不是一个人魅力唯一的内容，还有性格、知识、能力等等，过于在意自己长相的话，可能会忽视了其他方面发展的重要性。这些被忽视的反而成为他们的短板，影响他们维系长久的亲密关系。更为重要的是，一旦年龄大了，相貌变老了，他们的内心就会非常恐慌，害怕不再被爱。

总之，只要一个人从小得到的爱是有条件的，他长大后就可能会想要努力拥有更多这些条件，以期待可以交换到更多的爱。进入到亲密关系之后，当然也是以这样的方式期待爱人的爱，这会增加他们人生中的负担、委屈和辛苦程度。

如果在儿时，他们能够得到父母无条件的爱，形成我是有资格的、我是值得被爱的、我是可爱的等信念，他们的人生也许不需要这样，他们可以更轻松地获得幸福的生活。

不过，似乎我们儿时获得的爱多多少少都是有些条件的，长大后进入亲密关系，也都会多多少少把对无条件的爱的期待，带入到亲密关系里来。

毫无疑问，当初你的爱人爱上你，在内心也是对你有这份期待的，即获得你无条件的爱。

而这，也被很多人称为真爱。

你爱我，没有条件。

你的爱，不会因为我贫穷或疾病而发生改变。

当我写这段文字时，外面正是春暖花开。如果你要种一棵树，这个时候正是季节。种过树的人也都知道，当你把一棵树挖个坑栽好之后，你需要给它浇一定量的水，它才会存活下来，然后扎根到土壤深处去吸收营养和水分。这些水就像是你对树的馈赠，树并不需要拿什么跟你交换。

人也是一样，一个人想要内心发展得好，是一定要从这个世界上获得一定量的馈赠的，这些馈赠，他无条件可以获得，之后他就会自我发展，直到长成一棵大树，根深、叶茂。

缺少无条件的爱的人，可能会有以下表现：

1. 喜欢讨好别人；

2. 自卑，呈现出匮乏的气质或卑微感；

3. 过于在意自己所拥有的外在条件；

4. 过于努力，让自己很辛苦；

5. 明明喜欢或想要一些东西，却可能又否认，因为觉得自己没资格。

滋养资格感的方法

第一，给予稳定的关爱。

如果你想要滋养你的爱人，这是一个非常重要的角度，即试着让你的爱尽量没有那么多的条件。

他事业蒸蒸日上时，你给他做好吃的饭菜，买喜欢的物品，他事业陷入低谷时，你依然如此；

他努力打拼时，你关爱他，体贴他，嘘寒问暖，他坐在沙发上打游戏或趴在床上追剧时，你依然如此；

他年轻貌美或英俊潇洒时，你出门时拉着他的手，睡觉时手搭着他的腰，他年龄大些时，脸上爬上了皱纹，鬓间生出了白发，你依然如此；

等等。

如果你对待他的态度不因他所拥有的或做到的而改变，时间足够久的话，他内心这些无条件被爱的体验就会替代掉原来的有条件的爱的体验，变得更加自信、有安全感，不会再用自己拥有什么或做到什么去讨好别人或与别人交换。

看到这里，你也许会觉得这很难做到吧！

是的，很少有人能够全部做到，所以，也很少有人一辈子都觉得自己找到了真爱，比较常见的反而是有时候觉得找到了，有时候又觉得没找到。

因为大家想要的这种真爱，是要爱人内心无比强大才能完全做到的。我们都不是神，完全做到可能并不现实，但你若能多做点，对方获得的无条件的爱就会多一些，他就会变得更加自信一些，更加觉得自己有资格一些，内心深处的恐慌与自卑感就会少一些。

父母对孩子的爱如果是有条件的，实际上就变成了对孩子的索取或利用。比如有的父母，孩子学习好了，就觉得脸上有光，就对孩子好。孩子学习不好了，就觉得孩子丢了自己的人，就很生气。这是利用孩子的好来证明自己好，也是父母本身自己匮乏的结果。

爱人之间，对方赚钱时就爱对方，不赚钱了就怎么看都不顺眼了，这种更像是一种交换或依赖，而不是爱。

交换是因为自己也觉得获得爱是有条件的，是自己儿时得到的无条件的爱不够的结果。

依赖则是因为内心觉得自己弱小无助，需要依靠别人才能好好生活。

交换和依赖越多，做到无条件爱的可能就越小，真爱也就越远，所以，内心强大的程度直接决定了你多大程度上是对方真爱。

无条件的爱更像是你的爱是你自身特质的一种呈现，没有目的，你只是做你自己，对方就感觉到被爱了。

当你是一个内心充满了爱的人，关爱对方，你就可能只是在做你自己，并不需要刻意和努力，这时候你也不会感觉到有多累或多痛苦。

而内心充满爱，也是内心强大的结果。

当你越强大，做到无条件的爱的可能就会越大。

第二，为他准备一笔馈赠。

下面是一个练习，如果你愿意做一下，也许在这个部分会有参加现场课程般的感悟和收获。

这个练习很简单，就是来回答下面这个问题。

我想要一个爱人，然后：（在下面写上你有了一个爱人之后，你想要干什么。如果你已经有了爱人，也是一样的，你想要干什么。即便你不想写，如果你可以在脑子里回答一下，也是有帮助的。最好不要直接跳过这部分去看我后边的文字。）

1.＿＿＿＿＿＿＿＿＿＿＿＿＿＿＿＿＿＿＿＿＿

2.＿＿＿＿＿＿＿＿＿＿＿＿＿＿＿＿＿＿＿＿＿

3.＿＿＿＿＿＿＿＿＿＿＿＿＿＿＿＿＿＿＿＿＿

4.＿＿＿＿＿＿＿＿＿＿＿＿＿＿＿＿＿＿＿＿＿

5.＿＿＿＿＿＿＿＿＿＿＿＿＿＿＿＿＿＿＿＿＿

6.＿＿＿＿＿＿＿＿＿＿＿＿＿＿＿＿＿＿＿＿＿

7.＿＿＿＿＿＿＿＿＿＿＿＿＿＿＿＿＿＿＿＿＿

8.＿＿＿＿＿＿＿＿＿＿＿＿＿＿＿＿＿＿＿＿＿

9.＿＿＿＿＿＿＿＿＿＿＿＿＿＿＿＿＿＿＿＿＿

10.＿＿＿＿＿＿＿＿＿＿＿＿＿＿＿＿＿＿＿＿

然后，看看你写的内容是什么，更多的是你希望对方为你做的还是你想要为对方做的？也就是说你想找一个爱人来关爱你还是想要一个爱人来爱。

在课堂上，我让大家做这个练习时，经常有人会惊讶地发现，自己写的居然大都是让对方为自己付出，似乎自己就是想找一个照顾自己的人，而没有多想过自己要为对方做些什么。有人甚至会被自己的答案震撼到，因为这似乎意味着他们一边想要拥有幸福的亲密关系，一边却并没有为建立长久的亲密关系做好准备。

那么，你做好准备了吗？

找一个爱人，在获得关爱的同时，也去关爱对方。

你给对方的关爱，就是你的馈赠。仅仅是因为他是你的爱人，你就愿意把这份馈赠给予他，没有其他条件。

就像你是个国王，不管谁跟你结婚，他都应当享受到一定的待遇。你为你的爱人，准备了什么待遇呢？

如果你愿意，也可以把你对这个问题思考后的答案写下来：

1.＿＿＿＿＿＿＿＿＿＿＿＿＿＿＿＿＿＿＿＿＿

2.＿＿＿＿＿＿＿＿＿＿＿＿＿＿＿＿＿＿＿＿＿

3.＿＿＿＿＿＿＿＿＿＿＿＿＿＿＿＿＿＿＿＿＿

4.＿＿＿＿＿＿＿＿＿＿＿＿＿＿＿＿＿＿＿＿＿

5.＿＿＿＿＿＿＿＿＿＿＿＿＿＿＿＿＿＿＿＿＿

＿＿＿＿＿＿＿＿＿＿＿＿＿＿＿＿＿＿＿＿＿

邀请对方滋养自己资格感的方法

如果你意识到，你从小获得的爱都是有条件的，可以这样来邀请你的爱人来滋养你。

"亲爱的，我意识到我从小获得的爱都是有条件的，学习好了才能有玩具，听话了才会被喜欢，都是要自己努力去交换的，而不是无条件的。

"如果可以的话，我希望可以从你这里得到一些无条件的爱，比如我懒的时候，挣钱少的时候，不那么好看的时候，你对我也是一样地好，这样就可以滋养到我这个部分，可以吗？"

当然，你邀请对方滋养你，对方也不一定全都能做到，因为做到无条件的爱是要他内心足够强大，但如果通过你的邀请，对方能做到一点，你得到的真爱也就会多一点。

第十九章
放在重要位置

"你居然忘了我的生日，你心里根本就没有我。"

"不就是今年忘了吗？往年不都记得的嘛！怎么能说心里没你呢？我这两天事情实在是太多了，上周还想着呢！"

"你工作怎么不忘？吃饭怎么不忘？怎么就偏偏把我生日给忘了？"

"我……"

在爱人们日常生活中的相互抱怨和不满之中，觉得对方不重视自己，是一个很重要的原因。

除了介意忘了生日、结婚纪念日等重要日子之外，有的人还会比较介意对方是否忘了自己交代的事情，是否对家人、朋友比对自己好，是否把工作、爱好放在更重要的位置等等。

还有人一旦进入恋爱关系，就会希望对方一天跟自己联系很多次，也有人一个小时就要联系一次，否则就觉得对方心里没有自己。

所有的这些，都是在向对方发出一个信号：我需要在你心里是最重要的。

但实际上，并不是所有人都特别在意这一点的，这是人在生命早期的一个需要，那时被满足得不够好的人，才会在以后的人生中持续地寻求这一点上的满足。

而当他们在亲密关系里抱怨对方不够重视他们时，如果对方觉得自己做得已经足够好了，就可能会争吵、冲突，甚至关系破裂。

因此，我们很有必要深入地探讨一下这个需要的本质是什么。

人的这个需要好像是这样的：在任何一个人的一生中，必须有一个人在某段时期把我们放在重要的位置。当然，最初的需要是在生命早期的那段时间在妈妈心里重要，而且时间要足够让我们在内心确认这一点，我们的这个需要才能得到满足。

否则，我们会用一生的时间来寻找一个可以把自己放在最重要位置的人来完成这件事情。

对于刚出生的婴儿而言，当他有需要，妈妈在第一时间满足，这时他比其他人、妈妈的工作、妈妈的爱好等都重要，他在妈妈心中排第一位，这时他也会感觉到自己是全能的，任何愿望都是可以实现的。这是一个人的信心、能力、自发性、真实感受、创造性的重要原始基础，实际上就是婴儿存在的基础。

此时，重要等于存在。

等婴儿意识到自己是一个独立个体之后，他也同时意识到了外面有个妈妈在照顾自己，当他有需要时妈妈及时满足，他会觉得自己和妈妈是有联系的，和世界是有联系的，他是有根的。不然，他会感觉到自己像飘在虚空中，孤零零的一个人，内心也是虚空的。

从这个角度，我们会看到人类是这样的：

首先，整个人类群体在精神上是一个具有紧密关系的群体，然后，任何一个初来到这个世界的人都必须与这个群体中的至少一个人建立上关系，才是与这个群体有了关系，在精神上成了这个群体中的一员。

否则这个人与人类群体是没有关系的，他会是孤独的，即便可以存活下来，他也会感受不到活着的意义，能感受到的只是空虚。

有一些人从小看起来父母是挺宠他们的，但因为父母只是在满足他们吃穿、物质方面的需要，他们的感受是不被在乎的。这样的话，他们的父母只是把他们的肉体养育好了，精神上的他们却依然是弱小的、孤独的，缺少与人类群体的连接感的，他们一样觉得自己在父母心里是不重要的，甚至是缺少活着的意义感的。

此时，重要等于活着的意义。

当孩子会走路的时候，他的内心是有着巨大的喜悦的，他获得了一种人类经过漫长的进化过程才拥有的能力，这是一个伟大的成就。同时他也对这个世界充满了好奇，想去了解和探索世界，想去实现自己，会走路给了他这样的能力基础。

不过，当他开始探索世界时，他内心同时会一直有一个担心。

"当我离开了妈妈去探索世界时，妈妈还爱我吗？当我有需要时，妈妈还会第一时间满足我吗？当我有危险的时候，妈妈会第一时间来保护我吗？"

当他在客厅玩玩具时，妈妈也许并不需要一直陪着他玩，妈妈也许在别的房间忙碌，但只要他知道妈妈在家，他就觉得安全；当他去公园玩耍时虽然会到处跑，但他眼睛的余光会时常看向妈妈，只要确定妈妈在视线范围内，他就觉得安全。

此时，重要等于安全感。

如果一个孩子在这个阶段也感觉到了自己在妈妈心中是重要的，获得了安全感，他基本上就完成了在一个人心中无比重要的全部确认，在以后的人生中，对于在别人心中是否足够重要，就没有那么多的介意和敏感了。

否则，他会在进入亲密关系时非常在意他在对方心里是否重要，对方是否把他放在第一位，他会去跟对方的家人、工作、爱好、朋友等竞争。而这样可能会给他的亲密关系带来很多困难和痛苦。

缺少重要感，会特别喜欢与人竞争爱

前面说过，一般情况下，孩子到了 3 ~ 5 岁，会跟自己的同性父母竞争异性父母的爱，进入俄狄浦斯期，不过这时的竞争，往往已经不是谁更重要的竞争了，而是谁更有魅力。在俄狄浦斯期发展受阻的人，也会去竞争、爱吃醋，但他们竞争的内容已经变成了谁更有性魅力，与存在感、活着的意义、安全感往往没有关系，关系到的是作为男人或女人的魅力。

前者是一元关系或二元关系中的缺失导致，后者是属于三元关系中的缺失导致。

单纯在俄狄浦斯期发展受阻的人，是不会有分离方面的焦虑的，他们在意的往往是你更喜欢谁，而不是谁更重要，这两者之间是有区别的。

并且，他们在建立关系之初就容易喜欢上有伴侣或男女朋友的人，然后他们介入这段关系去竞争，因为只有已经在亲密关系中的人才像儿时的父母之间已经有了亲密关系这一早期的关系模式。

在俄狄浦斯期有缺失的人，一般来说，他们只是在亲密关系中与同性竞争，而在重要感方面有缺失的人，他们可能会在所有关系里竞争，对象也不仅限于同性，除了亲密关系，他们还可能在单位与同事竞争谁在领导那里更重要，在学校与同学竞争谁在老师心里更重要，等等。

当然，也有既在重要感方面有缺失，又在与同性父母竞争方面有缺失的人。这种情况下，他们也可能与所有人竞争，但会发现如果是同性，他们会更加介意一些，这样的情况在人群中也并不是少数。

不过，会去跟别人竞争和比较，说明内心对于自己是重要的还是抱有希望的。当一个人在儿时无论怎样也不能获得自己是重要的这种体验时，还可能会陷入绝望，即不再期待在妈妈心里重要，转而变成我不需要别人的照顾了，我自己照顾自己。

这样的话，他们会变成一个不再与别人建立心与心联系的人。长大后进入亲密关系会更加困难，即便进入了亲密关系，之后维系起来也往往存在不小的困难，因为他们是不相信别人会爱他们的，也不会去爱别人。

他们就像在精神上与人类群体是没有关系的，别人在他们眼中可能也并不是一个真正意义上的人，而只是他可以使用的工具，这样他们也就成了真正的"孤家寡人"。

单纯的俄狄浦斯期出现问题的人虽然在人格发展上来讲是相对完整的，但在这个阶段发展受阻的人却可能会很痛苦，因为他们的内心往往存在着较强的本能与恐惧、羞耻之间的冲突，因此，他们需要的往往就不是滋养了，而是专业的帮助。

儿时在重要感上有缺失的人可能会有以下特点：

1.容易吃醋，这种吃醋不一定非得是对同性的；

2.特别计较爱人心里是否有他；

3.与爱人的前任、其他异性、家人、工作、爱好等竞争；

4.与爱人需要保持过于频繁的联系；

5.分离困难。

滋养重要感的方法

在重要感方面严重缺失的人，很难适应正常的亲密关系，他们需要的也是专业的心理帮助。我们这里介绍的方法，主要针对有一定程度缺失的人，滋养可以帮助他们确定内心的重要感。

第一，放在重要位置一段时间。

对于有重要感方面缺失的人，如果你能够走进他的内心，说明你在恋爱时期很有可能已经让他体验过了他在你心里最重要的感觉，你也一定给了他希望。即他觉得你是会一直把他放在重要位置的，不然，一般来说他是不会把自己交给你的。

现在，想要滋养他的话，你只需要还像恋爱时那样做就可以了，把他放在重要位置，做什么事情时经常想着他，让他在未来的一定时间段内继续体验到在你心里他是最重要的。这样才能让他获得过往没有得到满足的"在一个人心里无比重要"的体验，产生存在、意义和安全感。

在生活中只要你发现他的作、闹、吃醋、生气等行为背后是与觉得你不重视他有关时，就表明他有着这方面的需要。并且，情绪信号强度越强烈，表明他对这方面的满足越渴望。

一旦你识别了信号，确认他是渴望在你心里获得无比重要的感觉，你要做的就是以后在类似的事情上注意一段时间，如果可以的话，真正地把他放在重要位置上，让他充分地体验那种被重视的感觉。

不管他跟什么竞争，想要滋养他的话，在那段时间里把你的精力主要放在他身上就可以了。就像如果他要生病卧床了，你肯定会放下很多事情来照顾他一样。现在你要照顾的是他内心的那个曾经被父母忽视了的孩子。

当时间足够久，你为他提供的这种体验会内化为他的内心的基石，他的这个基石稳定了，就不会太在意你是否时刻都把他放在心里重要位置了，也就不会再有"作"和"闹"了，也没有那么容易吃醋了。

这个过程所需要的时间是多久，因人而异，要看他缺失的严重程度和你做到的程度和质量如何。如果你一边把他放在重要位置，一边指责他这一点，估计他永远也得不到真正的满足。

第二，重要而不是替代。

把他放在重要位置，是重视他，想着他，关心他。记得他喜欢吃的食物，喜欢玩的项目，多抽出时间陪伴，记住他交代的事情，出差了及时打电话嘘寒问暖，生病了照顾他，等等。

但千万要注意，这不是替代他做事情。否则他可能会退行，变得更加地依赖和离不开你，这样的话，就不是滋养了。

一般来说，在重要性上有缺失的人，往往也的确是有依赖性的，他们会希望你替他做事，或照顾他的生活。你一定要在让他感觉重要的同时，保持不越界，凡是他自己可以做的事情，让他去做。他暂时做不好的，也要给他机会去锻炼。如果你已经替他做了一些事情了，要逐步撤销你的替代，慢慢地让他自己去做。

不让他上班，每天给他洗衣做饭，像养一个孩子一样养着他，这不是滋养。滋养一定是要帮助他发展出自己的能力和自主性的。

邀请对方滋养自己重要感的方法

如果你意识到你在重要感方面有缺失，总是介意自己在爱人心中是否重要，与他的工作、家人、朋友等竞争，可以这样来邀请你的爱人滋养你。

"亲爱的，可能是我小时候没有好好地体验到在我父母的心里是重要的，我特别在意是否在你心里重要，当初爱上你也与你曾经给过我在你心里很重要的感觉有关，这是我的一个没有得到满足的需要。

"可以的话，在未来的一段时间里你费点心，多把我放在心上，让我感觉到我是重要的，把其他的先往后排，比如，你的工作、朋友、家人等。等我这个需要得到满足了，我就不介意了。到那时你再好好地工作、陪你的家人、朋友，可以吗？这件事情对我非常重要。"

第二十章
表达喜欢和认可

在每一个孩子的内心深处，都希望自己的样子是父母喜欢的，包括相貌、聪明程度、个人能力、取得的成绩等，都是达到了父母心中期待的样子的。

有一个场景，特别能反映那些满足了孩子需要的父母是如何做的。

在上幼儿园时期，当孩子从幼儿园出来时，他会快速地用眼光搜索接他的父母。当看到父母时，从父母的脸上，他看到满脸的欢喜、喜悦，他快速地冲向父母，父母也高兴地蹲下来把他抱在怀里。

这种情况下，父母可能什么都没有说，仅仅是父母脸上的表情，就传达了一个信息给孩子：我喜欢你，看见你就高兴、幸福。

这时孩子得到的喜欢，不是因为孩子做了什么，而是因为他是他自己，这与无条件的爱有一些关系。因为这样的原因，孩子会是自信的，会觉得自己本身就是好的，无须做些什么来证明自己。

这种深入骨子里的自信会伴随孩子的一生，让他拥有阳光、开朗的性格特征，在与他人打交道的过程中，会相信自己是受人喜欢的。因此，他们往往敢于结交他人，在人际关系中也敢于提出要求。

而那些看见孩子时经常阴着脸，或目光根本不在孩子身上的人，他们的孩子就得不到这种仅仅因为是他们的孩子就被喜欢的体验。这些孩子就可能会想尽一切办法来吸引他人的目光，形成爱表现自己、说话夸张等特点。

这样的父母养的孩子长大后，也可能会回避一切可以接触他人的机会，比如有的人除了工作和家人，基本不愿意和任何人接触，这样可以避免体验到不被喜欢的感受。

在做法上，这两种人完全相反，但在内心深处他们都是自卑的、敏感的、特别在意别人评价的。

可以说，孩子就像一棵树，一直在长高，但他不知道他要长到多高才是合适的，那个合适的高度标准似乎在父母那里。如果父母对孩子有足够的肯定和认可，经常表现出喜欢的态度，他会知道自己的样子足够好了，已经达到了父母的期待，他会是自信的，长大后也不会想要向什么人来证明自己了，可能会更多地跟随自己的内心做一些自己喜欢的事情。

但如果他没有得到那么多的肯定和认可，甚至得到的更多是否定和指责，他感觉到的是自己的样子还不够好，或者自己的成就和能力还没有达到父母的期待，他就可能一生都用来向父母证明自己，成为一棵一直在努力长高的树。

人人都需要别人来确认自己的能力

有的孩子在学步期前后的一个时期，会喜欢跟大人玩一个游戏，就是拿一些东西放到大人手里，也许是一张纸巾，也许是一个玩具，然后用充满喜悦和期待的眼神看着大人，那意思是想告诉大人：

"看！我厉害吧！我可以拿东西了，我可以想要什么就拿什么了！"

对于一个一直坐在婴儿车里或躺在大人怀抱里的婴儿来讲，会走路，可以拿起自己想要的东西，对他内心的感觉而言，都是非常大的成就，他是非常喜悦和兴奋的。他的这份喜悦和成就，他希望大人可以看见，给予他确认。

　　此后的几年里，他发展出的各种能力，他都希望大人可以给予他确认。

　　这种确认就是告诉孩子："是的，你是有能力的。"在得到这种确认之后，这些被确认的体验连同他们自己感觉得到的自己是有能力的感觉，都会被整合到孩子对自己的体验当中，形成自尊、自信的基础，也会有抗压能力和勇气。

　　但是，如果儿时这些被确认、认可的需要没有被满足，人就可能会持续一生地向别人展示自己的能力，渴望得到别人的认可和肯定。

　　比如长大以后，喜欢夸大自己，挑战一些有高难度的事情，或者觉得自己是无所不能的，对于别人的赞美特别渴望等。

　　不过，用一生去证明自己是有能力的，是那些向父母展示自己能力时被忽视的孩子才会有的特点，他们似乎是在努力地把那些目光不在他们身上的父母的目光吸引过来。

　　如果当孩子向父母展示自己的能力时，父母不是忽视而是贬低和打压、嘲讽等，孩子因为感觉到了羞耻就可能再也不展示自己的能力了，会形成一种以后不再发展自己能力的人格特点。

　　这也就是那些在不上学后基本就不再学习和发展自己能力的人行为背后的深层原因，他们内心也想发展自己，但害怕展示自己能力时被嘲笑、打压、贬低，他们干脆就不再去尝试那些他们不擅长的事情，而这会严重制约他们的能力的发展。

他们和前者在表现形式上完全相反，如果说前者是在努力地向前冲，他们就是在极力地向后退缩。

所以，他们可能不会去挑战新的工作、技能，在事业上也往往会缺少大的成就。

并且，他们会讨厌前者，因为前者一直在做他们内心想做而不好意思做的事情。

也有一些感觉自己没达到父母心中标准的人，在建立亲密关系时，一定想要找到一个完美的爱人，形成择偶时的过于挑剔。

他们内心的逻辑似乎也依然是：你够好才证明我够好。

之后的生活中，他们也往往会对爱人有较高期待，一旦爱人做不到，便会导致他们的否认、挑剔、指责等。

而这时常会让他们的爱人感觉到在他们眼里自己是多么地没能力、没价值、笨，甚至一无是处。这种感觉不好受，很多人在被挑剔时会反驳、解释，或者愤怒之后以牙还牙，这也常常导致亲密关系中充满了愤怒和冲突。

除了爱人，他们容易否定、指责、挑剔的还有孩子，而孩子在被这样对待之后，被喜欢和认可的需要也一样没有得到满足，等他们长大有了孩子后也很可能会这样对待他们的孩子。于是，这种否定、指责、挑剔人的特点就在家族中被一代接一代地传递了下去，除非有人来中断这个代际传递过程。

对于我们每一个人而言，这种被认可、喜欢的需要，必须要由对自己重要的人来满足，在儿时就是父母等，是孩子最依赖和信任的人。另外，父母本身还要被孩子足够认可和尊重，即在一个足够好的人眼中我足够好。

如果孩子不认可父母，父母对孩子的认可和喜欢就降低了价值，孩子内心依然会渴望一个更好的重要他人来认可自己。

长大进入亲密关系后，这个重要的他人就是爱人。

具有以下任何一条特点，即有可能是缺少认可和肯定：

1.自卑；

2.喜欢夸大事实；

3.说话时用夸张的表情、语气、肢体动作；

4.喜欢挑剔、指责、贬低别人；

5.经常夸赞自己；

6.喜欢在人群中表现自己；

7.过于喜欢别人的赞美；

8.不敢挑战新事物、新技能，对那些喜欢表现自己的人反感。

滋养自尊的方法

第一，接纳和理解。

对于那些喜欢表现自己、吹牛、有全能感的人，指出他

297

们的这些特点对他们没有任何帮助,反而会让他们感到羞耻、痛苦,对他们没有任何滋养作用。

他们需要的,首先是接纳和理解,因为这是他们内心在儿时留下的未被满足的需要,只有被理解、接纳,以及一定程度的满足,这些特点才会消失。

具体来说,除了他人对他们的认可会让他们得到一些满足外,他们在人生中也一定会遇到困难、挫折。当挫折出现时,他们实际上就触碰到了自己实际的能力,意识到自己的能力是有限的,这时他们会是沮丧的、失落的、挫败的。

在这个时刻,如果可以理解、共情到他们,让他们感到被深深地理解和接纳,有助于他们慢慢接纳自己其实并不是全能的,而是能力、精力、时间都有限的平凡人,也就会逐渐放弃内心那种对无所不能的、完美的自己的追求。

这个过程中,他们会是痛苦的,这些痛苦被理解了,他们就会更容易度过这个过程。

而对于那些不敢挑战新事物、新技能,表现出退缩的人来说,批评和指责他们退缩、不努力,不会让他们变得努力。因为他们退缩的原因正是对批评、指责、嘲笑的恐惧和回避。

想要滋养他们,也是需要接纳他们现在的样子,然后在他们那些仅有的做得好的一些事情上给予他们认可。告诉他们其实他们是有能力的,如果去做一些事情其实是有天赋的,就是给予他们鼓励。

比如对他们说：

你做饭做得那么好，如果去开个小饭店，生意肯定好。

你经常能感觉到别人感觉不到的一些细腻的感受，如果把这些写出来，对很多人会很有帮助。

慢慢地，那些潜藏于他们内心深处的对肯定、认可的渴望，也就是发展自己的本能动力就可能会按捺不住，开始蠢蠢欲动，他们就有可能会想尝试着做一些挑战自己的事情。

这个时候，非常关键的是，无论他们做得如何，都给予接纳、理解与肯定，他们就会更加有信心发展自己。

时间久了，当他们感觉到无论他们表现如何都是被接纳的，也感觉到自己的确是有一些与众不同的能力时，也就会从退缩中走出来，大胆地发展自己了。

不过，这个过程是需要时间的，也可能会有反复，毕竟克服内心的恐惧与羞耻感不是一件说做就能做到的事情。

第二，关注新变化和成就。

渴望认可和喜欢的人，会非常期待别人的关注，也就是希望别人的注意力可以经常在他们身上。如果他们有一些变化，他们希望你可以看到，比如，穿了新衣服，做了新发型等，或者他们掌握了一个新技能、明白了一个新道理、刚了解到了一个新闻、阅读了一本新书，他们都希望你注意到。

表演型人格的人是把吸引别人的注意力这一点推到极致的人，他们说话有时像是话剧演员一样，既绘声绘色，又配合肢体动作，这一切都是为了一个目标，吸引别人的目光。当然，这正是因为儿时缺少父母的关注导致的结果。

关注他们的一些新的变化，当他们有一些新的变化时及时地指出来，平时仔细地听他们讲话，可以让他们体验到你的眼中有他，你一直在关注着他，这样他们慢慢就不会那么努力地吸引你的目光了。

当然，如果他们有了一些成就，他们就更是希望得到关注和肯定，这个时候，除了关注和肯定以外，能共情到他们愉悦的心情，对他们是有滋养作用的。

例如："这件事情做成功了，看到你很高兴，我也很为你高兴！"

让自己爱的人因为自己而高兴，甚至是自豪，这也是我们每个人的需要。

第三，肯定具体的品质。

毫无疑问，对于缺少喜欢和认可的人而言，肯定和认可他们是他们最需要的，也是能够滋养到他们的。

但需要注意，具有滋养性质的肯定和认可指向的一定要是他们真实具有的品质，夸大和虚假的肯定和认可，包括赞美是没有滋养作用的，甚至会让他们对自己有一种虚假的自我印象。

就像一些人具有的全能感，会让他们总觉得自己无所不能，这是会带给他们很多麻烦和困难的。因为他们总是去尝试那些严重超出自己实际能力的事情，而这有可能会给他们带来灾难性的伤害。比如投资一个自己根本不了解也没有能力做的项目，就完全有可能会血本无归。

那些笼统的夸奖和赞美之词，对方也许会觉得你是一种不走心的说话技术而已，比如"你太棒了""你真是太厉害了"一类的语言，因为这些只是给对方一种他很好的感觉，但具体好在哪里呢？不具体就不容易被相信进而变成他自己对自己的真实的感觉。

这就像对一棵树说"你真是太高了"一样，树只是知道自己高，但具体有多高呢？树心里还是没底的。

所以，肯定和认可的语言一定是要言之有物的，要具体而真实，并且指向的通常都是对方的品质。

比如：

你居然完成了一个 5000 片的拼图，真是太有耐心了；

用西红柿汤下面条，味道非常好喝，你真是太有创意了；

你居然可以想到把门卸了沙发就可以进来了，真是会想办法；

等等。

邀请对方滋养自己自尊的方法

第一，如果你感觉自己对别人的夸奖、认可有较强的渴望，或者比较在意别人对你的评价，可以这样邀请你的爱人来滋养你。

"亲爱的，你也知道，我这个人比较喜欢别人夸我、认可我，这可能跟我儿时得到的认可不够是有关系的，如果可以的话，你以后可以多肯定肯定我，不过要是真的我有值得肯定的地方时再肯定，否则是没有效果的。

"等我的需要被满足得差不多了，我对别人的夸奖、认可，就没有那么介意了。"

第二，如果你感觉到自己有不敢挑战新事物、新技能的特点，可以这样邀请你的爱人来滋养你。

"亲爱的，可能是我小时候想表现自己时总是被打压、否定、嘲笑的原因，我一直不太敢于挑战一些新的事物、新的技能，可能是害怕被再次打压、否定、嘲笑。如果我以后想尝试一些新的东西，或做一件从来没有做过的事情，请你一定要接纳我。即便我做得不好，也别否定、嘲笑我，不然我就又不敢尝试了。可以吗？

"相反，如果你觉得我有做得好的话，也可以多肯定肯定那些你觉得我做得好的地方，这会让我更敢于挑战自己。"

第五部分

〜〜〜〜〜〜〜〜〜〜〜〜

冲突，滋养的机会

〜〜〜〜〜〜〜〜〜〜〜〜

俗话讲，牙和舌头还有打架的时候。

两个人长期生活在一起，吵架、冲突、闹矛盾，甚至想到分手，都是很难避免的事情。

因为在离得这么近的关系中，随着时间的推移，发生的事情也自然会越来越多，早晚会有人内心的创伤被触碰到，或者需求不被满足的时候，这时唤起了的痛苦可能会使得人们攻击对方甚至想要结束关系。

这些时刻都可以是说一种危机，如果处理不好，关系有越来越糟糕的可能。如果处理得好，也可能让关系越来越亲密。

很多当初爱得海枯石烂的爱人，最后会形同陌路，往往是一次又一次的冲突和矛盾之后彼此都感觉心里受到伤害，然后就向后退一点。时间久了，次数多了，就不知不觉退到了遥远的距离。

但若从滋养的角度来看，当有冲突和矛盾的时候，也是了解彼此内在缺失和深层需要的时候。

冲突和矛盾，提供了一个窗口，让我们可以看到对方人格更深处的缺失，为以后滋养对方提供了指引和方向。

比如：

对方说你在人前说话没给他留面子，就给了你一个机会用来了解他在自尊方面非常在意，这意味着你以后要滋养他的话，要注意说话办事给他留自尊。

或者虽然你常想着要滋养对方，也一定会有疏忽的时候，如果这时对方有一定的情绪或难受伤感，也是提供了一个机会让你看到他的缺失和需要是什么。

比如：

你忘了他不喜欢吃香菜的事，在汤里放了香菜，他因此很生气地说你记不住他不喜欢吃什么，心里一点儿也没有他。

通过这件事情你就可以看到他有多么地希望在你心里他是重要的，渴望你可以时时刻刻记得他的各种喜好。而你想要滋养他的话，要做的就是以后刻意记下他喜欢什么不喜欢什么。

这也是让两人之间吵架、矛盾、冲突越来越少的方法，即当你通过一次冲突看到对方的需要后，如果你可以承受的话，在以后适当做些调整，就不会再有类似的事情发生了。

即便当时你们有了激烈的争吵，在此之后，如果你愿意去修复你们的关系的话，修复之后，表面看是让你们的关系恢复到了原来的状态，实际你比原来更加了解他了，也会更好地滋养到他了。

这样的话，你们的关系实际已经不是原来的状态了，而是比原来更亲密了。

这样有冲突和矛盾，然后又有修复的关系，比那些没有冲突和矛盾的关系更真实，也比那些只有冲突和矛盾而没有修复的关系更有韧性。

两人在这样的关系里都更能够放开做自己一些。而人只有可以做自己，才会有幸福可言。

没有冲突和矛盾的关系里，一般彼此都不太敢做自己，或者都在压抑自己的真实感受，虽然二人之间很平和，但可能关系是不够真实的，二人的心都没有完全打开给对方。

一些关于婚姻生活的段子都是在说类似的事情。

比如一个段子是说，一位老人到临终时才说出自己不喜欢吃鱼头，老伴到此时才知道自己一直把自己喜欢吃的鱼头留着给他，以为他喜欢，结果没想到他并不喜欢吃。

在另一个故事里，鱼头可能变成了面包皮或别的什么，但说的都是一个道理，两个人在关系里都不真实，导致误会一直存在。

我认识一对夫妻，表面上他们两人似乎从不吵架，也没见过他们争论。但是他们也很少沟通，更是很少一起出去玩或办事，基本上就是各过各的，我甚至怀疑他们晚上也不睡在一起，只不过并没有去证实过这一点。

他们这样的关系，表面上看起来不会有矛盾和冲突，但他们也缺少亲密关系中最重要的东西，也就是亲密。

还有很多人的亲密关系里，是冲突和矛盾很多，但谁都不愿意主动地去修复关系，结果就是隔阂越来越多。我问过不少处于"冷战"中的人，既然还爱对方，为什么不主动去修复关系。他们的回答常常都是：主动的话我就输了。

很多人在关系里都是想要赢对方，或者想要制服对方，想要通过跟对方暗暗地较量，来使对方彻底服软。

遗憾的是，当双方都这样想时，就使得这种较量可能会持续很长时间、产生越来越多的隔阂，久了就可能会导致关系彻底破裂。

这样的做法，在一些人的亲密关系里虽然有时看起来赢了对方，但其实对方可能心里是委屈的，或压抑愤怒的。

如果说这样的关系是幸福的关系的话，那也只是一个人的幸福。

还有一些人，在冲突之后主动地修复关系会让他们体验到一种屈辱般的痛苦感受，为了不去承受这样的感受，他们往往也不会主动去修复关系。

这也使得他们建立的关系一直都比较脆弱，关系中不能有稍大些的冲突和矛盾，一旦有的话，就可能彻底终结了关系。

我遇到过一些学员，他们谈过很多次恋爱，但都以分手告终，其中一个原因就是他们从来不会去主动修复关系，必须要对方服软才行。

如果你在亲密关系里存在这样的现象，主动地修复关系虽然会让你有一些痛苦，但实际当你主动那么做时，也是一种和这些痛苦共处的机会。如果你承受得了，这将是一次改变你的亲密关系模式的机会，使你更加可能拥有长久的亲密关系。

当对方通过吵架、冷战甚至提分手来攻击你时，他往往是感觉到你不够爱他，而这时你愿意去修复的话，实际上你的修复行为本身就会让对方感受到你是爱他的，就是一次带给对方滋养性体验的机会。

这也是很多人在发生矛盾之后内心的声音：

"爱我的话，你就会来哄我！"

再加上你愿意通过一次次这样的机会来理解对方有什么缺失和需要，进而在以后调整你滋养他的方式的话，你们关系越来越好的可能就会增大。

同时，如果你认同修复的必要性，你去修复关系时在内心的感觉上就不再是输了或服软了的结果，而是一种主动的做法，你的内心感受会不一样，可能不再是委屈而压抑的，而是会有一种掌控感。

即我的幸福我掌握。

两个幸福的人在一起生活的过程，就应该是彼此通过发生的一些不愉快的事情，了解到真实的对方是怎样的之后，做些调整，然后类似的事情就会少发生一些的过程，这也常常被人们称之为磨合。

同时，在冲突之后，如果你愿意向对方表达一下在冲突时你内心的痛苦是什么，或者你感受到了什么所以你才会跟他发生冲突，就有机会让冲突也变成对方了解你的机会。

如果对方也有心的话，也许以后也会在说话办事时有所注意，不再触碰你的痛苦。这样的话，同样的冲突就更有可能在以后被避免了。

[第二十一章]
道歉，不意味着你错了

在亲密关系中，当发生矛盾和冲突之后，人们心里往往是愤怒或委屈的。

愤怒是向外攻击的力量，这时可能表现为不理对方、使脸色、闹分手等行为。

委屈是攻击性朝向了自己，表现出来可能是伤心、哭泣等行为。

无论是愤怒还是委屈，都表明内心产生了痛苦，没有痛苦人们是不会愤怒的，也不会攻击自己。

这关系到愤怒、委屈这两种情绪的产生机制。

"恼羞成怒"这个成语，准确地解释了痛苦和愤怒的关系。恼羞成怒的人，先是内心有了羞耻的痛苦感受，承受不了，然后才愤怒地攻击那些让他感到羞耻的人。

这时，羞耻是原发情绪，愤怒是继发情绪。

当然，一般情况下，人们只会感受到自己的愤怒，而意识不到愤怒背后的羞耻、恐惧等痛苦感受。

委屈也是一样，当内心痛苦，又恐惧向外攻击时，就会向内攻击，产生委屈的感受。

这时痛苦是原发情绪，委屈是继发情绪。

愤怒的人攻击别人，像是想要把别人推远。而委屈的人不去推远别人，而是自己躲起来独自承受。

前者是你走开，后者是我走开。

但不管是你走开，还是我走开，对于关系而言都是伤害，都是产生了距离，对于双方而言，也都是因为有痛苦在内心的。

这个时候，如果你想要修复关系，其实就是要去和对方共同承受他愤怒和委屈后边的痛苦。只有他的这个痛苦被看到、理解之后，他的痛苦由不可承受，变为可承受了，或者不痛苦了，他才愿意再次靠近，关系才能得到修复。

所以，理解对方为什么痛苦，也就是共情到对方的痛苦感受，是修复的关键。当然，在自己处于情绪当中的时候，我们往往是没有心情去共情对方的,所以,修复更多地发生在我们自己平静之后。

开启重新对话的方法

需要修复的情景,不管对方是处于愤怒还是委屈的状态中,往往都是有一些前提的。就是当你跟对方发生冲突时,你可能因为想要保护自己会发脾气或说一些让对方受伤的话,或做一些过激的事情,这可能触碰到对方内心深处的痛苦了。

比如你只是说,嫌我做的饭不好吃就别吃了。

如果他感觉到了被拒绝,他可能会受伤,如果恰恰这是对方儿时偶尔说一些饭菜不好吃时父母说过的话,他就更可能会很受伤。之后,攻击性向外的人可能会推开碗筷站起来走了,攻击性向内的人可能会感受到伤心、委屈。

前面说过,亲密关系中大量的痛苦都是内心的创伤被触碰到了。很多时候,你可能只是想要保护自己,并不是想要故意去触碰对方的痛苦。但在关系里,因为两人长期朝夕相处,发生各种事情的概率太高了,你就有很大可能会多次触碰到对方内心的伤口。

如果加上对方刚好也是有很多创伤的人,这个概率就又被提升了。

尽管你不是有意要去触碰对方的伤口，但事实是你触碰到了。所以，修复的第一步往往是道歉，这不一定说明你错了，而是为你不小心触碰到对方的伤口道歉。就像我们跟朋友聊天时聊到了对方痛苦的事情时我们会道歉说"对不起"一样。

"对不起，我不知道这样说会让你这么难过，看到你这么难过我心里也很不好受！"

有时仅仅是这样一句话，就会瞬间让对方怒气降低。因为，这话是在说，我知道你很难过，我并不想让你这么难过，看到你这么难过，我是心疼的。

也像在告诉对方：

"你是做了一些不合适的事情或说了一些不合适的话，但这不至于让你这么痛苦。你这么痛苦，是因为我不小心触碰到了你的伤口。"

这还相当于先免了对方的一些责，拿掉了你发脾气或指责对方时所施加在对方身上的攻击的力量。就像两个发生战争的国家想要和好，先要把围在对方城下的兵撤了一样。

这也是共情，更是一种共情性的行为，你承受不了我就拿掉。

道歉，往往也是重新对话的开始，在此之后，就是你表达对对方的内心痛苦的理解的时候。

第二十二章
理解，才能修复

　　想要修复关系，在道歉之后，如果你知道对方怎么了，直接表达出你对他痛苦的理解，往往有非常好的效果。即便在对方想分手的情况下，甚至已经提出了分手，如果你能把他内心深处的痛苦直接表达出来，痛苦被看到之后不再痛苦，他也很有可能会放下分手的念头。

　　在这一点上，这些年我遇到过很多人在想要跟对方复合的情况下，所做的事情或说的话都是起反作用的。

　　比如对对方说：

　　"你就不能翻篇吗？"

　　这是在指责对方陷入痛苦中出不来，等于说对方太脆弱了，明明是想要修复关系，结果给对方的感受却是被指责。

　　也有一些人在这个时候解释自己为什么会伤害到对方的原因。

　　比如：我还不是因为实在受不了你才那样做的嘛！

　　这看似是为自己的行为解释，实际等于直接指责对方，把自己行为的原因归结到对方身上了。或者即便把自己的行为的原因归到其他因素上，也会给对方一种为自己开脱的感觉，效果也是不好的。

　　真正对修复关系有很大帮助的，是直接表达你对对方内心感受的理解，即共情。

　　例如：

　　"这些年跟我生活在一起，因为我太强势，让你承受了太多的委屈。"

　　这是我的一位想要修复关系的女学员说给跟她正在闹离婚的老公的话。在此之前，她老公基本上不跟她说话，当她说了这句话之后，他们恢复了沟通，因为他开始感觉到自己的痛苦终于被理解了。

　　"你为这个家付出了那么多，洗衣服、做饭、照顾孩子和老人、包括照顾我，我都没有看见，只盯着你挣钱少这一点说事，的确是让你受委屈了。"

这是一个丈夫说给妻子的话，因为他说妻子挣钱少，妻子正在跟他闹别扭。听到这段话，妻子绷着的脸开始有一些放松，因为这正是她内心深处的感觉，在这一刻她感觉被理解了。

你能表达出的对方的内心痛苦感受越精准，他被共情的感觉就会越强烈，内心的痛苦释放出来得就会越多，你们的心拉近的可能就越大。

所以，这时如果你可以说得更细致些，效果会更好，当然，你要根据你们之间具体发生的事情来说。基本上等于你替对方把他内心的痛苦感受都表达出来，越详细越好。

通常如果你这么做了，而且做得到位的话，对方就会开始接着你的话来说。

比如，那位妻子听到丈夫的话后，过了一会儿说：

"是啊！我这么多年承受了多少，你都看不见，你只看见我挣钱少了，你都看不见我为这个家付出了多少……"

这些话说出来的同时，妻子的眼泪也下来了。

如果你能让他充分地表达内心压抑的痛苦，并且他表达的感受被你理解和接纳之后，他的心情就会变好。这时，你们的关系可能就会变近。

深入了解对方的方法

在这个过程中，也可能存在着你说了一些话或做了一些事情后，对方很痛苦，但你并不明白他怎么了，为什么会这么痛苦的情况。这也说明你触碰到了对方内心的一个你并不了解的地方。

这个时候，你可以问对方怎么了。

"我不知道你会这么痛苦，你可以告诉我吗？我这么做为什么会让你这么痛苦？"

这样，你就可能会看到对方怎么了。

当然，还存在一种情况，就是对方自己也不知道他怎么了，不清楚他自己为什么这么委屈或生气。

这个时候，有一个方法也许会有用，你可以问问对方这个感觉他以前有过吗，看看对方是否会回忆起一些类似情景，如果回忆得到，这对于他理解自己也很有帮助。

有很多年，我出差的时候，我内心是期待我爱人在我出发前帮助我收拾一下行李的，比如帮我整理一下衣服，但她偏偏不喜欢做这件事情。

虽然我们没有因为这事争吵过，但我对此有过一些抱怨。

一次沟通中，我曾经试着去理解她怎么了。

她："不知道为什么,我就是不喜欢帮你收拾行李。"

我："当你帮我收拾行李时,你有什么感觉吗?"

她："烦!一收拾我就心里有点烦。"

我："这挺奇怪的,这会让你想到什么熟悉的感觉吗?"

就在我问出这句话的同时,她想到了一件事情。

在上小学时,她和父亲在县城里生活,母亲在农村老家的学校教书。每个周末她都会和父亲一起回到农村的家里,然后周日的下午,她就要收拾行李,到县城去上学。

那时收拾行李,对她而言意味着和妈妈分离,这是她内心不太愿意的事情。

在她给我收拾行李时,这种感觉就被唤起了。

这样我也基本理解了她是怎么回事了,她不是针对我,而是收拾行李对她而言会唤起一些跟妈妈分离的不舒服的感受。

如果她以后还是不愿意帮我收拾,我会更加能够理解她。

这就是亲密关系中因为沟通而导致的了解,因为了解进而导致的理解。知道了彼此过往都经历过什么,往往可以帮助我们理解和接纳彼此。

而对这些过往的理解,需要沟通才能做到。

这样的沟通,有时还有疗愈的效果,当我爱人回忆起这件事情之后,她再给我收拾行李时,就再也感受不到那种烦了。

现在，基本上我出差的行李都是她帮助收拾的，衣服叠得真是要比原来整齐太多了。

当然，这基于她在我问她是否有过类似感受时想到了儿时的这些感受，生活中会存在很多我们回忆不起来的过往经历，尤其是三四岁之前的经历，对我们有很大影响，我们却基本都回忆不起来。

这个时候，如果我们有这样的基于心理学的认识，即便不知道对方经历了什么，也会对我们有帮助。即对方生气或委屈的时候，往往是内心一些痛苦被唤起了，而这些痛苦往往与他成长的经历有关系，尤其是早期经历。你可能不知道他经历了什么，但你知道他一定经历了什么。

这就像是一种信念，一种对人内心痛苦的深深的理解与感同身受的信念。

这样，你会对对方的内心感受有一种接纳和好奇，也许你永远都不知道他曾经经历过的一些事情，但你慢慢就会理解和发现他身上的一些特点和规律，而这些特点和规律会带给你一种感觉：他就是这样的人，很多时候并非刻意针对我。

这对你们的关系会非常有帮助。

生活中当我们接纳一个人时，我们常说的一句话也正是：他就是那样的人。

第二十三章
述情，获得对方理解

亲密关系中发生冲突和矛盾的过程中，往往不仅仅是一个人内心的痛苦被触碰到了，而是双方的。因为只要两人中有一方在这个过程中没有痛苦，一般就不会发生冲突和矛盾。

比如：妻子说丈夫不顾家，对家里的付出太少。

丈夫如果没有因为听到这样的话而产生痛苦，一般就不会反驳。如果觉得妻子说的是事实，反而还可能会说：

"我的确是对家里的关心太少了，这个家真的是全靠你了！"

这样也就引不起冲突和矛盾了。

会引起冲突和矛盾的，一定是丈夫在听到这样的话之后内心产生了痛苦，进行了反驳。

比如，丈夫如果觉得自己之所以对家关心少，是因为自己精力都用来忙工作了，而自己的收入是家里的主要经济来源。说他对家里付出少，他觉得否定了他对家里所做的贡献，而这唤起了他内心的痛苦与愤怒，他就可能会反驳：

"我挣钱养家难道就不算对家的付出吗？"

所以，关系的修复一定不能只关注一方的痛苦，而忽略另一方。

即当你跟对方共情，对方觉得被理解了之后，修复并没有完成。因为只是你了解他怎么了，他感到被理解了，而你怎么了，对方还可能并不了解。心与心的流动还只是单向的，还只是他的感受流到了你心里，你的感受还没有流到他心里。

所以，修复的下一步，是要通过述情告诉对方在之前起冲突和发生矛盾的过程中你怎么了。这样才能让对方了解你，以后也尽量规避开你内心的伤口，不要再次触碰。

说得更具体些，这时的述情，就是告诉对方，之前你跟对方发生冲突和矛盾的时候，你内心的痛苦是什么。

比如：如果你们争吵是因为对方跟异性聊天导致的，表面上你感受到的可能是愤怒的情绪，但就像前面说过的，愤怒往往是继发情绪，在愤怒的背后往往还有原发情绪，也就是愤怒背后的痛苦。

一般来说，这种情况下，你内心的痛苦很可能是害怕，害怕失去对方，你才会介意对方跟异性走得近，如果你不害怕失去对方，可能也就不会那么紧张这件事情。

当然，在亲密关系中害怕失去对方是一件非常正常的事情，毕竟那是我们投入了感情和期待的人。

如果你确定你内心的确是害怕的，在修复关系时，你可以告诉对方："我害怕你跟别人走得太近了，我害怕失去你！"

这样的话，是内心深处最真实的感受，也是袒露自己的脆弱，但没有指责对方，是非常好的述情。也往往容易有好的效果，让对方可以深深地理解到你内心的感受，与你的心也就容易变近了。

打开心门，才容易被看见

但是，在我辅导过的很多个案中，很多想要修复关系的人是不会说这样的话的，他们往往继续指责对方。

比如："虽然我没控制好自己的情绪，但你跟别的女人（或男人）聊天不也是不对的吗？"

这可能会导致对方的反驳：不就聊聊天吗？有什么不对的，又没做什么对不起你的事。

这样的对话，是在论对错，并不是心与心的交流，不是表达内心深处的感受，往往并不能真正地修复关系，不能让彼此拉近心的距离。就算此后彼此不再提及此事，也可能只是把这件事情放在一边暂且不提了而已，这件事情造成的隔阂很可能依然还是存在的。

甚至因为这种相互感觉不被理解的隔阂越来越多，对方想要跟异性聊天的欲望会变得更加强烈，毕竟人人都渴望被人理解。只不过，可能会使用隐秘一些的方式进行而已。

发生冲突和矛盾时，人们往往都是想要攻击对方的，说的话往往都是在愤怒的情绪驱动之下才会说的，并不一定是自己内心真正的想法，也往往不会真正地打开自己的内心跟对方进行情感上的交流。

修复关系时的述情，就是在彼此把手中的武器都放下之后，打开内心让对方走进来，看到你为什么要跟他战斗，你要保护什么。

只有让对方能够了解你，理解你，对方以后才有可能会调整自己的做法，避免再次触碰到你的痛苦。

[第二十四章]

协商，避免同样的架吵两次

　　如果你走路的时候被地上的一个石头绊了一下，不小心摔了一跤，下一次再经过这里，你一定会注意到这个石头，避免再次绊倒你。

　　在亲密关系中，我们也要避免被同一个石头绊倒两次。

　　在修复关系的过程中，如果在之前发生冲突和矛盾时对方的感受已经被你理解了，你的感受也被对方理解了，你们的心会再次靠近，这个时刻通常也是你们一起商量解决以后如何避免再次发生像之前一样事情的最佳时机。

　　我和我爱人曾经因为给亲戚朋友随份子的事情有过一点

儿小的争吵，我说了一个想要随份子的金额，她觉得有点高。

在修复的时候，我告诉她为什么我要给那个朋友随那么多的金额，当她理解了我和那个朋友的感情之后，她接受了我提出的金额。

从那一次之后，我们意识到一个问题，我的亲戚朋友，她并不了解我和他们的感情和过往是怎样的，而她的亲戚朋友，我也不了解他们之间的感情是怎样的，我们每个人都只了解自己的亲戚朋友。

于是，我们商量了一个办法，避免以后再有类似情况，即制定一个家庭规则：

我这边的亲戚朋友，在随份子和逢年过节买礼物时，具体随多少金额和买什么我来做主。她那边的亲戚朋友，她来做主。

从此之后，我们再也没有因为这样的事情有过不愉快。

这同时也是一个让爱人之间架越吵越少的办法，即每吵一次架后，根据彼此的感受和需要，制定一个规则，让这个规则尽量兼顾彼此的感受和需要，这样，以后就不会再为这样的事情争吵。

所以我们就有了这样的一些规则，双方一直在默默地遵守着：

每个人日常单笔开支花 1000 元以上金额时需要跟对方打

个招呼；

当我们发生矛盾时，依靠我们二人自己来解决，不要把家人扯进来；

当自己不想做饭时也不要要求对方做饭，如果对方也不主动做，可以订外卖；

等等。

而随着这些规则的持续出现，我们也的确是越来越少有争吵了。

亲密关系中的决策原则

这些规则本身又遵循着这样的原则：

1. 二人共同商量制定；

2. 兼顾二人的需要和感受。

这其实也是家庭中应该有的态度和方式，即家庭的任何决策和行为都兼顾到全体家庭成员的需要和感受，这里有着对每一个独立个体的理解和尊重，夫妻之间就更应是如此。

无论是每顿饭吃什么，外出旅游去哪里，想要换辆新车，等等，家里的各种决策都尽量兼顾到每一位家庭成员的需要，大家在这个家庭里才能都觉得被在乎和尊重，才会有幸福的感受。

拿换新车为例，丈夫喜欢越野车，好在节假日时开车外出旅游，妻子喜欢空间大的，坐在里边可以伸展开腿，孩子喜欢有全景天窗的，路上可以仰望蓝天白云。那家里买的这辆新车，就应当是一辆空间宽敞、带全景天窗的越野车，兼顾家里每个人的需要。

这也意味着，家里或夫妻关系里都不应该有当家的，不应该由某个人说了算，而应该是全体成员共同作出决定，这样的家才是全体成员的家，不然，就成了当家人自己的王国了。

当然，从滋养的角度来讲，你其实就是通过冲突和矛盾，以及每一次争吵和不愉快，意识到对方内心有哪些伤口和缺失，在以后的生活中，尽量不去触碰那些伤口，而去满足那些需要。

爱人之间，不就应该是这样的吗？

后 记
被强调的爱不再是爱

我有一个女学员，她在课上讲起相亲时曾遇到一个这样的男生：

两人约了三次会，男生请她吃了三顿饭，然后男生在第三次饭后想要拉她的手，她拒绝了，男生不满地说："我都请你吃了三顿饭了，怎么还不让拉拉手呢？"

当时在场的人都被逗笑了，大家是觉得这个男生的思维太奇怪了，直接把谈恋爱当成了直白的交换一样，逻辑简单粗暴：我请你吃三顿饭，你让我拉拉手！

照这个思路下去，请吃十三顿饭，是不是就得让上床了？

这种简单的逻辑，当然有问题，似乎谈恋爱就是一种交易一样。

恋爱是你情我愿，你喜欢我，我喜欢你，你愿意为我，我愿意为你。然后是你爱我，我也爱你，是一种人与人之间的情感流动。

当感觉到位了，女生自然会有想要拉手、拥抱等亲密的欲望。这种欲望是在说，我喜欢你，我想与你在一起，我想与你亲热，我希望和你合二为一。

不管是男人还是女人，都要真诚地与对方互动，关心对方，体贴对方，等对方内心那种想要亲近的感觉有了，拉手是自然而然的事情。

这个过程中，双方都完全是自愿的，而不是交换。

在人际关系中，其实都存在一个微妙的现象，即你对一个人的关爱和付出，即便你期待对方也同样对待你，也不可以在提要求时强调自己的付出，因为强调了就变成了交换。

比如你帮了一个朋友很多忙，一旦哪天你对他说，你有困难的时候，我帮了你那么多，你是不是也该回报我了。你们之间的友谊、感情立即就变成了一笔债，不再是感情，等哪天对方都还给你了，你们之间就什么也不剩了。

因为感情是自愿的，是他记得你的好，心与你在一起，关心你的幸福，在你需要的时候愿意给你帮助，但都是他主动的。

一旦你强调你的付出，然后要求对方回报你，他所做的就都变成了还债。你曾经做的，也不再是关爱，而是贷了一笔感情款出去而已。

这一点，在亲密关系里更是如此，你看完本书，如果按照书中的方法滋养了对方很多，哪天你如果对对方说：

"我为你付出了这么多，你是不是也该滋养我了？"你前面所做的就全部都不是滋养了，而是对方欠你的债，等哪天他还完了，你们之间也不剩什么了。

所以，这是我想在最后特别告诉你的话，你所做的滋养，付出的爱，千万不要去强调。一旦强调，滋养就不再是滋养，爱也不再是爱，都变成了交换。

如果你真的想要对方滋养你，别强调你为他付出的事情，就像前面讲过的内容，直接发出你的邀请即可。

否则，你所做的滋养就都不存在了，对方已经感受不到了。

这是非常微妙的一件事情，不强调，对方收到的是爱，强调了，对方收到的是债。

还有一点也是在最后想要说明的。

当我们使用"滋养"一词来描述我们要在亲密关系里做的事情时，对于本身就很自恋的人而言，很容易会产生一个现象，即把自己放在一个拯救者的位置上。这样可能一边做一些看似是滋养的事情，一边又会在内心看低对方，觉得自己在可怜对方。

如果真是这样的话，滋养这时就变成了施舍。没有谁被施舍还会感觉到被滋养的，这时的滋养也许已经变成了伤害，一种为了满足自己的拯救心理所做的对对方的一厢情愿的付出，对方的感受可能是不好受的。

前面讲过，如果抛开滋养这个想法和概念，本书中所讲的全部内容，其实正是经营亲密关系过程中我们需要秉持的态度和做的事情。

无论和谁一起生活，你都要给出他做自己的空间，都要在他需要时提供帮助和支持，都要考虑跟他在一起生活哪些是可以做的哪些是尽量不要做的。否则，很难有幸福可言。

或者说，无论跟谁在一起生活，对方都是要在某些方面依赖你、需要你的，本书只是把这些需要的根本来源从人格发展的角度进行了更深的剖析。

没有滋养的概念，当你想要跟对方幸福地生活，这些也是需要去做的事情。

滋养爱人，是每一个想要经营好感情的人都需要做的事情，并不意味着我们比对方高一等，无论跟谁生活，我们都是要做这些事情才能够幸福长久地生活的，这本来就是每个想要获得幸福亲密关系的人需要做的事情。

同时，我们也需要意识到，滋养是个缓慢的过程。就像植物生长，不见其长，终见其长，都不是一朝一夕就可以看见效果的事情，是需要日积月累的。

也许我们每个人都要问问自己，你愿意给自己多少时间来做这件事情？

你的答案会是多久呢？

祝福你收获幸福长久的亲密关系！

赵永久

2020 年 12 月 2 日于北京

参 考 文 献

[1] 唐纳德·温尼科特（D. W. Winnicott）. 成熟过程与促进性环境：情绪发展理论的研究 [M]. 唐婷婷，主译. 上海：华东师范大学出版社，2017.

[2] 梅兰妮·克莱因. 嫉羡和感恩：梅兰妮·克莱因后期著作选 [M]. 姚峰，李新雨，译. 北京：中国轻工业出版社，2019.

[3] 博斯克，帕梅拉·哈格兰德. 主体间性心理治疗：当代精神分析的新成就 [M]. 尹肖雯，译. 北京：中国轻工业出版社，2014.

[4] 彼得·A. 莱塞姆. 自体心理学导论 [M]. 王静华，译. 北京：中国轻工业出版社，2019.

[5] 林文采，伍娜. 心理营养：林文采博士的亲子教育课 [M]. 上海：上海社会科学院出版社，2016.